PONS

Sprachführer in BILDERN

Französisch

PONS GmbH
Stuttgart

Inhalte

So arbeiten Sie effizient mit dem Sprachführer in Bildern

Liebe Leserin, lieber Leser,

Kennen Sie das? Wenn Sie ein Bild zu einem Wort sehen, bleibt das Wort viel schneller im Gedächtnis haften, als wenn es nur geschrieben dasteht. Seit Jahren wissen wir aus der Lernpsychologie, dass **Bilder, Graphiken** und **Farben** uns dabei helfen Wörter und ganze Texte schneller und besser einzuprägen. Dieses Prinzip macht sich der **PONS Sprachführer in Bildern** zunutze und präsentiert für Sie den wichtigsten Wortschatz für **Alltag** und **Reise** - nicht nur zum **Nachschlagen** und **Lesen**, sondern auch zum **Sehen** und **Hören**.

1. Wort-Bild-Zuordnungen

Prägen Sie sich den Wortschatz dank der Wort-Bild-Zuordnungen mühelos ein. Bleiben Sie nicht beim gesuchten Wort haften, sondern nehmen Sie auch die umliegenden Wörter und Bilder aus dem Themenbereich wahr, denn Wörter werden schneller gemerkt wenn man sie im Kontext lernt. Neben den reinen Wort-Bild-Zuordnungen finden Sie noch weiteren wichtigen Wortschatz aus demselben Themenfeld. Sie werden erstaunt sein, wie viel Wortschatz Sie sich in kürzester Zeit merken können.

wandern
› faire de la randonnée
[fɛʀd(ə)laʀɑ̃dɔne]

die Städtereise
› le circuit en ville
[siʀkɥiavil]

Und für den Notfall

Bilder sind eine universelle Sprache, die von allen Kulturen verstanden wird. Sollten Ihnen doch mal die Worte fehlen, zeigen Sie einfach auf das entsprechende Bild. Ob im Hotel, im Restaurant oder auf der Straße - so können Sie sich überall auf der Welt ganz ohne Sprache verständigen.

2. Die richtige Aussprache
Damit Sie jedes Wort richtig aussprechen, haben wir alle Wörter und Sätze mit einer Lautschrift versehen. Eine Übersicht über die verwendeten Lautschriftzeichen finden Sie auf Seite 8 des Buches.

Guten Tag!
› Bonjour!
[bɔ̃ʒuʀ]

Guten Morgen!
› Bonjour!
[bɔ̃ʒuʀ]

Guten Abend!
› Bonsoir!
[bɔ̃swaʀ]

Hallo! / Grüß dich!
› Salut!
[saly]

3. Die wichtigsten Schlüsselsätze auf einen Blick
Ob unterwegs nach dem Weg fragen oder im Restaurant nach der Rechnung: In den 6 thematisch sortierten Kapiteln finden Sie neben den reinen Wort-Bild-Zuordnungen die wichtigsten Sätze für die häufigsten Situationen. Prägen Sie sich diese Schlüsselsätze gut ein und schon haben Sie den Grundstein für eine erfolgreiche Kommunikation gelegt.

Ich hätte gerne etwas Typisches aus der Region.
› Je voudrais quelque chose de typique de la région.
[ʒ(ə)vuˈdʀɛkɛlkʃozdətiˈpikd(ə)laʀeˈʒjɔ̃]

Haben Sie vegetarische Gerichte/Diätkost?
› Avez-vous des plats végétariens/diététiques?
[avevudeplaveʒetaˈʀjɛ̃/djeteˈtik]

4. Vertonte Dialoge

Um Ihnen die Alltagssprache so nah wie möglich zu bringen, haben wir für Sie kleine Dialoge aufgenommen, wie Sie sie an jeder Straßenecke hören können. Sie erkennen die Dialoge ganz einfach an den Sprechblasen im Buch. Lesen Sie die Dialoge nicht nur durch, hören Sie sie auch an. Gehen Sie dazu auf **www.pons.de/sprachfuehrer-in-bildern**. Wählen Sie Ihre Sprache aus und laden Sie sich die MP3-Dateien für die französischen Dialoge herunter. So prägen Sie sich die Sätze nicht nur besser ein, sondern Sie üben gleichzeitig die Aussprache und schärfen Ihr Hörverständnis für die französische Sprache.

BEN
Entschuldigen Sie bitte, kennen Sie sich hier aus?
› Excusez-moi, s´il vous plaît, vous connaissez les environs?

PASSANTIN
Ja, bitte?
› Oui?

BEN
Wissen Sie, wie ich zum Kunstmuseum komme?
› Savez-vous comment je peux aller au musée d´art?

5. Das Wörterbuch

Und wenn es einmal einfach nur schnell gehen muss, schlagen Sie im Anhang im Wörterbuch die richtige Übersetzung nach. Dort ist jedes Stichwort aus dem Buch auf Deutsch und Französisch in alphabetischer Reihenfolge aufgeführt und im Nu gefunden.

abricot, l' *m* [abʀiko] die Aprikose
accident, l' *m* [aksidɑ̃] der Unfall
accompagnement, l' *m* [akɔ̃paɲmɑ̃] die Beilage
accu, l' *m* [aky] der Akku
achat, l' *m* [aʃa] der Einkauf
acheter [aʃte] kaufen
adaptateur, l' *m* [adaptatœʀ] der Adapter
addition, l' *f* [adisjɔ̃] die Rechnung
adolescent(e), l' *m(f)* [adɔlesɑ̃(t)] der (die) Jugendliche

Aal, der l'anguille *f* [ɑ̃gij]
ab und zu de temps en temps [dətɑ̃zɑ̃tɑ̃]
Abend, der le soir [swaʀ]
abends le soir [ləswaʀ]
aber mais [mɛ]
abfahren partir [paʀtiʀ]
Abflug, der le départ [depaʀ]
abgelaufen périmé(e) [peʀime]
abgestanden éventé(e) [evɑ̃te]

Viel Freude auf Ihren Reisen wünscht Ihnen

Ihre
PONS Redaktion

Die französische Aussprache

Damit Sie jedes Wort und jeden Satz richtig aussprechen, haben wir allen Begriffen und Wendungen eine Lautschrift beigefügt. Die folgende Übersicht zeigt Ihnen, wie Sie die phonetischen Zeichen richtig aussprechen.

[:] bedeutet, dass der vorhergehende Laut lang zu sprechen ist.

‿ zwischen zwei Wörtern bedeutet, dass man den letzten Buchstaben des ersten Wortes zum nächsten Wort hinüberzieht.

Vokale		
[a]	wie das deutsche *a*	m**a**d**a**me [madam]
[e]	geschlossenes *e*, etwa wie in *geben*	caf**é** [kafe]
[ɛ]	offenes *ä*, etwa wie in *Ärger*	l**ai**t [lɛ]
[i]	geschlossener als das deutsche *i*	**l'ami** [ami]
[ɔ]	offenes *o*, offener als in *Pforte*	la p**o**rte [pɔʀt]
[o]	geschlossenes *o*, wie in *Rose*	m**o**t [mod]
[ø]	geschlossenes *ö*, etwa wie in *böse*	d**eux** [dø]
[œ]	offenes *ö*, bei kurzem Vokal, etwa wie in *Röcke*	n**eu**f [nœf]
[ə]	der Laut liegt zwischen [œ] und [ø], näher bei [ø]	m**e**lon [məlɔ̃]
[u]	geschlossenes *u*, etwa wie in *Ufer*	beauc**ou**p [boku]
[y]	ähnlich dem deutschen *ü* in *Tür*	l'acc**u** [aky]
[ɛ̃]	nasales [ɛ], offener als das deutsche [ɛ̃] in *Cousin*	f**aim** [fɛ̃]
[ɔ̃]	nasales [o], etwa wie in *Bonbon*	b**on** [bɔ̃]
[ɑ̃]	nasales [a], etwa wie in *Restaurant*	d**an**ser [dɑ̃se]

Halbkonsonanten		
[j]	weicher als das deutsche *j*	fam**ille** [famij]
[w]	flüchtiger [u]-Laut, bildet keine Silbe, gehört zum folgenden Vokal	**oui** [ˈwi]
[ɥ]	flüchtiger [y]-Laut, gehört zum folgenden Vokal	c**u**isine [kɥizin]
Konsonanten		
[f]	wie das deutsche *f* in *Fibel, Philosophie* etc.	**f**rère [fʀɛʀ]
[v]	wie das deutsche *w* in *werden*	con**v**ersation [kõvɛʀsasjõ]
[s]	stimmloses, d.h. hartes *s*, wie z.B. in *Los*	**s**œur [sœʀ]
[z]	stimmhaftes, d.h. weiches *s*, wie in *summen*	mai**s**on [mɛzõ]
[ʃ]	stimmloses *sch* wie in *schön*	**ch**aise [ʃɛz]
[ʒ]	stimmhaftes *sch* wie in *Journalist*	**j**e [ʒə]
[ɲ]	etwa wie in *Kognak*	co**gn**ac [kɔɲak]
[ŋ]	in Wörtern aus dem Englischen, z. B.:	park**ing** [paʀkiŋ]
Die nicht erwähnten Konsonanten sind den deutschen sehr ähnlich.		

Die Abkürzungen im PONS Sprachführer in Bildern

Mit dieser Liste finden Sie sich im Sprachführer schnell zurecht.

f Femininum, weiblich

m Maskulinum, männlich

n Neutrum, sächlich

örtl. örtlich, den Ort betreffend

Ps Person

Pl, pl Plural, Mehrzahl

Sg, sg Singular, Einzahl

zeitl. zeitlich, die Zeit betreffend

Über mich und dich

Werden Sie mit diesem Kapitel fit für kurze Small Talks und lange Gespräche.

Sich vorstellen
SE PRÉSENTER

Stellen Sie sich mal vor: Lernen Sie sich und andere auf Französisch kennen. Die folgenden Seiten unterstützen Sie dabei, Kontakte zu knüpfen und Freundschaften zu schließen.

der Name
› le nom
[nɔ̃]

der Nachname
› le nom de famille
[nɔ̃d(ə)famij]

das Geburtsdatum
› la date de naissance
[datdənɛsɑ̃s]

der Vorname
› le prénom
[pʀenɔ̃]

der Mädchenname
› le nom de jeune fille
[nɔ̃d(ə)ʒœnfij]

die Nationalität
› la nationalité
[nasjɔnalite]

das Geschlecht
› le sexe
[sɛks]

männlich
› masculin(e)
[maskylɛ̃, in]

weiblich
› féminin(e)
[feminɛ̃, in]

das Alter
› l'âge *m*
[ɑʒ]

die Handynummer
› le numéro de portable
[nymeʀod(ə)pɔʀtabl]

die Telefonnummer
› le numéro de téléphone
[nymeʀod(ə)telefɔn]

die E-Mail-Adresse
› l'adresse électronique *f*
[adʀɛselɛktʀɔnik]

die Adresse
› l'adresse *f*
[adʀɛs]

die Visitenkarte
› la carte de visite
[kaʀt(ə)dəvizit]

Im Urlaub lernt man besonders schnell Leute kennen. Hier ein paar nützliche Sätze, um Ihre Kontaktdaten auszutauschen:

Guten Tag!
› Bonjour!
[bɔ̃ʒuʀ]

Guten Morgen!
› Bonjour!
[bɔ̃ʒuʀ]

Das hier ist meine Handynummer.
› Voici mon numéro de portable.
[vwaˈsimɔ̃nymeˈʀod(ə)pɔʀˈtabl]

Wie lautet deine Telefonnummer?
› Quel est ton numéro de téléphone?
[kɛˈlɛtɔ̃nymeˈʀodətele'fɔn]

Hast du auch eine E-Mail-Adresse?
› As-tu aussi une adresse électronique?
[atyoˈsiynaˈdʀɛselɛktʀɔˈnik]

Ich bin auch auf Facebook® zu finden.
› On peut aussi me trouver sur Facebook®.
[ɔ̃pøoˈsim(ə)tʀuˈvesyʀfɛjsˈbuk]

Arbeit und Beruf

TRAVAIL ET PROFESSION

arbeiten
› travailler
[tʀavaje]

das Büro
› le bureau
[byʀo]

die Fabrik
› l'usine *f*
[yzin]

der (die) Rentner(in)
› le (la) retraité(e)
[ʀ(ə)tʀɛte]

der Schüler
› l'élève *m*
[elɛv]

die Schule
› l'école *f*
[ekɔl]

die Studentin
› l'étudiante *f*
[etydjɑ̃t]

die Universität
› l'université *f*
[ynivɛʀsite]

selbstständig sein
› être travailleur indépendant [ɛtʀ(ə) tʀavaˈjœʀɛ̃depɑ̃ˈdɑ̃]

angestellt
› employé(e)
[ɑ̃plwaje]

das Unternehmen
› l'entreprise *f*
[ɑ̃tʀəpʀiz]

arbeitslos
› chômeur (-euse)
[ʃomœʀ, øz]

die Lehre
› l'apprentissage *m*
[apʀɑ̃tisaʒ]

der/die Auszubildende
› l'apprenti(e) *m(f)*
[apʀɑ̃ti]

Familiäre und soziale Beziehungen

RELATIONS FAMILIALES ET SOCIALES

1 **die Eltern** *Pl*
› les parents *pl*
[paʀɑ̃]

2 **die Mutter**
› la mère
[mɛʀ]

3 **der Vater**
› le père
[pɛʀ]

4 **das Kind**
› l'enfant *mf*
[ɑ̃fɑ̃]

5 **die Tochter**
› la fille
[fij]

6 **der Sohn**
› le fils
[fis]

7 **die Schwester**
› la sœur
[sœʀ]

8 **der Bruder**
› le frère
[fʀɛʀ]

9 **die Geschwister** *Pl*
› les frères et sœurs *pl*
[fʀɛʀ(z)esœʀ]

1 die Großeltern *Pl*
› les grands-parents *pl*
[gʀɑ̃paʀɑ̃]

2 die Großmutter
› la grand-mère
[gʀɑ̃mɛʀ]

3 der Großvater
› le grand-père
[gʀɑ̃pɛʀ]

4 der Enkel
› le petit-fils
[p(ə)tifis]

Begrüßung und Vorstellung

BEN
Guten Abend!
› Bonsoir!

TOM
Hallo!
› Salut!

BEN
Wir kennen uns noch nicht, darf ich mich vorstellen? Ich bin Ben, Ninas Bruder.
› Nous ne nous connaissons pas encore, je peux me présenter? Je suis Ben, le frère de Nina.

TOM
Hallo! Ich bin Tom, ein Arbeitskollege und Freund von Nina.
› Salut! Je suis Tom, un collègue de travail et un ami de Nina.

BEN
Freut mich sehr.
› Enchanté.

TOM
Ben, darf ich bekannt machen? Das ist meine Freundin Lisa. Sie ist auch mit Nina befreundet.
› Ben, je peux faire les présentations? Voici mon amie Lisa. Elle est aussi une amie de Nina.

BEN
Hallo, grüß dich!
› Salut, bonjour!

die Zwillinge *Pl*
› les jumeaux (jumelles) *pl*
[ʒymo, ʒymɛl]

der Stiefvater
› le beau-père
[bopɛʀ]

die Stiefmutter
› la belle-mère
[bɛlmɛʀ]

die Stieftochter
› la belle-fille
[bɛlfij]

der Stiefsohn
› le beau-fils
[bofis]

die Patchworkfamilie
› la famille recomposée
[famijʀəkɔ̃poze]

die Tante
› la tante
[tɑ̃t]

der Onkel
› l'oncle *m*
[ɔ̃kl]

die Nichte
› la nièce
[njɛs]

der Neffe
› le neveu
[n(ə)vø]

der Cousin
› le cousin
[kuzɛ̃]

der Schwiegersohn
› le gendre
[ʒɑ̃dʀ]

die Schwiegertochter
› la belle-fille
[bɛlfij]

der Schwager
› le beau-frère
[bofʀɛʀ]

die Schwägerin
› la belle-sœur
[bɛlsœʀ]

die Schwiegermutter
› la belle-mère
[bɛlmɛʀ]

der Schwiegervater
› le beau-père
[bopɛʀ]

der (Ehe-)Mann
› le mari
[maʀi]

die (Ehe-)Frau
› l'épouse *f*
[epuz]

die Ehe
› le mariage
[maʀjaʒ]

der/die Verwandte
› le, la parent(e)
[paʀɑ̃(t)]

die eingetragene Lebenspartnerschaft
› le PACS
[paks]

1 **der Partner**
› le partenaire
[paʀtənɛʀ]

2 **das Paar**
› le couple
[kupl]

3 **die Freundin**
› l'amie *f*
[ami]

Hobbys und Freizeit

PASSE-TEMPS ET LOISIRS

malen
› peindre
[pɛ̃dʀ]

lesen
› lire
[liʀ]

tanzen
› danser
[dɑ̃se]

reisen
› voyager
[vwajaʒe]

nähen
› coudre
[kudʀ]

fotografieren
› faire de la photo
[fɛʀd(ə)lafɔto]

die Gartenarbeit
› le jardinage
[ʒaʀdinaʒ]

die Musik
› la musique
[myzik]

der Fußball
› le football
[futbɔl]

das Tennis
› le tennis
[tenis]

schwimmen
› nager
[naʒe]

angeln
› pêcher
[peʃe]

das Yoga
› le yoga
[jɔga]

Ski fahren
› faire du ski
[fɛʀdyski]

joggen
› faire du jogging
[fɛʀdydʒɔgiŋ]

Rad fahren
› faire du vélo
[fɛʀdyvelo]

reiten
› faire du cheval
[fɛʀdyʃ(ə)val]

Sprachen lernen
› apprendre des langues
[apʀɑ̃dʀ(ə)de'lɑ̃g]

basteln
› bricoler
[bʀikɔle]

kochen
› cuisiner
[kɥizine]

das Instrument
› l'instrument *m*
[ɛ̃stʀymɑ̃]

das Computerspiel
› le jeu vidéo
[ʒøvideo]

der Sport
› le sport
[spɔʀ]

das Fitnesscenter
› le centre de fitness
[sɑ̃tʀdəfitnɛs]

Sich und andere beschreiben

FAIRE LA DESCRIPTION DE SOI/QUELQU'UN

jung
› jeune
[ʒœn]

alt
› vieux (vieille)
[vjø, vjɛj]

der Mann
› l'homme *m*
[ɔm]

die Frau
› la femme
[fam]

das Baby
› le bébé
[bebe]

das Kind
› l'enfant *mf*
[ɑ̃fɑ̃]

die Jugendliche
› l'adolescente *f*
[adɔlesɑ̃t]

sonnengebräunt
› bronzé(e)
[bʀɔ̃ze]

die Glatze
› la calvitie
[kalvisi]

der Bart
› la barbe
[baʀb]

der Schnurrbart
› la moustache
[mustaʃ]

hässlich
› laid(e)
[lɛ(d)]

1 **der Junge**
› le (jeune) garçon
[(ʒœn)garsɔ̃]

2 **das Mädchen**
› la (jeune) fille
[(ʒœn)fij]

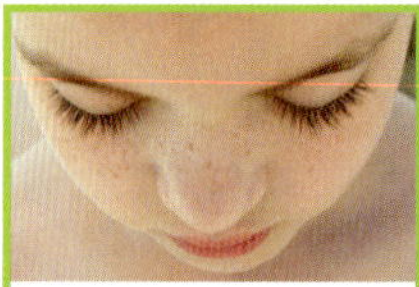

die Sommersprossen *Pl*
› les taches de rousseur *pl* [taʃdərusœr]

grauhaarig
› aux cheveux gris
[oʃ(ə)vøgri]

unrasiert
› non rasé(e)
[nɔ̃raze]

die Brille
› les lunettes *pl*
[lynɛt]

die Größe
› la taille
[taj]

das Tattoo
› le tatouage
[tatwaʒ]

das Piercing
› le piercing
[pirsiŋ]

die Zahnlücke
› la dent manquante
[dɑ̃mɑ̃kɑ̃]

die Augenringe
› les cernes *pl*
[sɛrn]

1 **blond**
› blond(e)
[blɔ̃(d)]

2 **dunkelhaarig**
› brun(e)
[bʀœ̃, bʀyn]

3 **rothaarig**
› roux (rousse)
[ʀu, ʀus]

4 **langhaarig**
› aux cheveux longs
[oʃ(ə)vølɔ̃]

5 **kurzhaarig**
› aux cheveux courts
[oʃ(ə)vøkuʀ]

6 **die Locke**
› la boucle
[bukl]

das Haar
› les cheveux *pl*
[ʃ(ə)vø]

der Pferdeschwanz
› la queue de cheval
[kødəʃ(ə)val]

schlank
› mince
[mɛ̃s]

groß
› grand(e)
[gʀɑ̃(d)]

dick
› gros (grosse)
[gʀo(s)]

klein
› petit(e)
[p(ə)ti(t)]

Gefühle

SENTIMENTS

1 **schlecht gelaunt**
› de mauvaise humeur
[d(ə)movɛzymœʀ]

2 **gut gelaunt**
› de bonne humeur
[d(ə)bɔnymœʀ]

3 **traurig**
› triste
[tʀist]

die Abneigung
› l'aversion *f*
[avɛʀsjɔ̃]

begeistert
› enthousiaste
[ɑ̃tuzjast]

erstaunt
› étonné(e)
[etɔne]

erleichtert
› soulagé(e)
[sulaʒe]

gelassen
› décontracté(e)
[dekɔ̃tʀakte]

enttäuscht
› déçu(e)
[desy]

(un)zufrieden
› (in)satisfait(e)
[(ɛ̃)satisfɛ(t)]

sich ... fühlen
› se sentir ...
[səsɑ̃tiʀ]

die Vorliebe
› la préférence
[pʀefeʀɑ̃s]

deprimiert
› déprimé(e)
[depʀime]

zurückhaltend
› réservé(e)
[ʀezɛʀve]

wütend
› furieux (-euse)
[fyʀjø(z)]

weinen
› pleurer
[plœʀe]

müde
› fatigué(e)
[fatige]

gelangweilt
› ennuyé(e)
[ɑ̃nɥije]

eifersüchtig
› jaloux (-ouse)
[ʒalu(z)]

verängstigt
› effrayé(e)
[efʀeje]

nervös
› nerveux (-euse)
[nɛʀvø(z)]

aufgeregt
› excité(e)
[ɛksite]

überrascht
› surpris(e)
[syʀpʀi(z)]

schüchtern
› timide
[timid]

Sich verständigen
SE FAIRE COMPRENDRE

schreien
› crier
[kʀije]

wiederholen
› répéter
[ʀepete]

aufschreiben
› écrire
[ekʀiʀ]

buchstabieren
› épeler
[ep(ə)le]

übersetzen
› traduire
[tʀadɥiʀ]

die Fremdsprache
› la langue étrangère
[lɑ̃getʀɑ̃ʒɛʀ]

ablehnen
› refuser
[ʀ(ə)fyze]

der Streit
› la dispute
[dispyt]

sprechen
› parler
[paʀle]

(nicht) verstehen
› (ne pas) comprendre
[kɔ̃pʀɑ̃dʀ, (n(ə)pa) kɔ̃pʀɑ̃dʀ]

langsam
› lentement
[lɑ̃tmɑ̃]

laut(er)
› (plus) fort
[(ply)fɔʀ]

der (die) Ausländer(in)
› l'étranger (-ère) *m(f)*
[etʀɑ̃ʒe, etʀɑ̃ʒɛʀ]

das Gespräch
› la conversation
[kɔ̃vɛʀsasjɔ̃]

diskutieren
› discuter
[diskyte]

meinen
› être d'avis
[ɛtʀ(ə)davi]

denken
› penser
[pɑ̃se]

sagen
› dire
[diʀ]

zustimmen
› être du même avis
[ɛtʀ(ə)dymɛmavi]

widersprechen
› contredire
[kɔ̃tʀədiʀ]

betonen
› souligner
[suliɲe]

kommentieren
› commenter
[kɔmɑ̃te]

streiten
› se disputer
[s(ə)dispyte]

bezweifeln
› mettre en doute
[mɛtʀɑ̃dut]

bedauern
› regretter
[ʀ(ə)gʀete]

sich einsetzen für
› s'investir dans ...
[sɛ̃vɛstiʀdɑ̃]

miteinander reden
› discuter ensemble
[diskyte(ʀ)ɑ̃sɑ̃bl]

Sich vorstellen

SE PRÉSENTER

(sich/jdn) vorstellen
› se présenter/présenter quelqu'un
[s(ə)pʀezɑ̃te/pʀezɑ̃tekɛlkœ̃]

winken
› faire signe
[fɛʀsiɲ]

sich umarmen
› s'embrasser
[sɑ̃bʀase]

Wenn Sie jemanden begrüßen möchten, können Sie folgende Formulierungen verwenden:

Guten Tag!
› Bonjour!
[bɔ̃ʒuʀ]

Guten Morgen!
› Bonjour!
[bɔ̃ʒuʀ]

Guten Abend!
› Bonsoir!
[bɔ̃swaʀ]

Hallo! / Grüß dich!
› Salut!
[saly]

Wie geht es Ihnen?
› Comment allez-vous?
[kɔmɑ̃(t)ale'vu]

Wie geht's?
› Comment ça va?
[kɔmɑ̃sava]

Danke. Und Ihnen/dir?
› Bien, merci. Et vous/toi?
[bjɛ̃mɛʀ'sie'vu/e'twa]

Sich entschuldigen

S'EXCUSER

die Entschuldigung
› l'excuse *f*
[ɛkskyz]

bereuen
› regretter
[ʀ(ə)gʀete]

Das tut mir Leid.
› Désolé(e).
[dezɔle]

Diese Formulierungen können Ihnen dabei helfen Missverständnisse aus der Welt zu schaffen:

Entschuldigung!
› Pardon!
[paʀdɔ̃]

Tut mir leid, dass ich zu spät komme.
› Désolé(e) d'arriver trop tard.
[dezɔ'ledaʀi'vetʀo'taʀ]

Es war nicht so gemeint.
› Ce n'est pas ce que je voulais dire.
[s(ə)nɛ'pɑs(ə)'kəʒ(ə)vulɛ'diʀ]

Das tut mir sehr leid!
› Je suis vraiment désolé(e)!
[ʒə'sɥivʀɛ'mɑ̃dezɔ'le]

Wie bitte?
› Comment?
[kɔmɑ̃]

Keine Ursache!/Macht nichts!
› (Il n'y a) pas de quoi!
[(ilnja)'pɑd(ə)'kwa]

Verzeihen Sie, aber das ist leider nicht möglich.
› Pardonnez-moi mais ce n'est malheureusement pas possible.
[paʀdɔne'mwamɛs(ə)'nɛmaløʀøz'mɑ̃pɑpɔ'sibl]

Sich bedanken

REMERCIER

sich bedanken
› remercier
[ʀ(ə)mɛʀsje]

der Dank
› le remerciement
[ʀ(ə)mɛʀsimɑ̃]

(jdn) um etw bitten
› demander qc (à qn)
[d(ə)mɑ̃ˈdekɛlk ˈʃozakɛlˈkœ̃]

Folgende Höflichkeitsfloskeln sollten Sie immer parat haben:

Bitte.
› S'il vous plaît./S'il te plaît.
[silvuplɛ/siltəplɛ]

Nein, danke.
› Non, merci.
[nɔ̃mɛʀsi]

Können Sie mir bitte helfen?
› Pouvez-vous m'aider, s'il vous plaît?
[puveˈvumɛˈdesilvuˈplɛ]

Danke, sehr gern!
› Merci, très volontiers!
[mɛʀˈsitʀɛvɔlɔ̃ˈtje]

Bitte sehr!/Gern geschehen!
› Je vous en prie./Je t'en prie.
[ʒ(ə)vuzɑ̃pʀi/ʒ(ə)tɑ̃pʀi]

Ja, bitte.
› Oui, s'il vous plaît/s'il te plaît.
[ˈwisilvuplɛ/siltəplɛ]

Gestatten Sie?
› Vous permettez?
[vupɛʀmete]

Danke!
› Merci!
[mɛʀsi]

Das ist nett, danke!
› C'est gentil, merci!
[sɛʒɑ̃ˈtimɛʀˈsi]

die Bitte
› la demande
[d(ə)mɑ̃d]

Smalltalk

ÉCHANGE DE BANALITÉS

TOM
Was machst du beruflich, wenn ich fragen darf?
› Qu'est-ce que tu fais dans la vie, si je peux me permettre?

BEN
Ich bin Architekt.
› Je suis architecte.

TOM
Wirklich? Sehr interessant! Und wo lebst du?
› Vraiment? Très intéressant! Et où habites-tu?

BEN
In Hamburg.
› À Hambourg.

TOM
Was machst du in deiner Freizeit? Hast du ein Hobby?
› Que fais-tu de tes loisirs? Tu as un passe-temps favori?

BEN
Ich male ein wenig und reise sehr viel. Und ihr?
› Je fais un peu de peinture et je voyage beaucoup. Et vous?

TOM
Lisa und ich gehen zusammen joggen, und ich spiele Fußball.
› Lisa et moi, nous faisons du jogging ensemble, et puis je joue au foot.

gut
› bon (bonne)
[bɔ̃, bɔn]

köstlich
› savoureux (-euse)
[savuʀø(z)]

lecker
› délicieux (-euse)
[delisjø(z)]

ausgezeichnet
› excellent(e)
[ɛkselɑ̃(t)]

das Kompliment
› le compliment
[kɔ̃plimɑ̃]

schön
› beau (belle)
[bo, bɛl]

Um im Gespräch Ihre Meinung auszudrücken, können Sie folgende Formulierungen verwenden:

Gut.
› Bon.
[bɔ̃]

Richtig.
› C'est juste.
[sɛʒyst]

Einverstanden!/Abgemacht!
› D'accord!/C'est convenu!
[dakɔʀ/sɛkɔ̃v(ə)ny]

Geht in Ordnung!/Okay!
› Ça marche!/O.K.
[samaʀʃ/okɛ]

Genau.
› Exactement.
[ɛgzakt(ə)mɑ̃]

Ach so, ich verstehe!
› Ah, bon, je comprends!
[abɔ̃ʒ(ə)kɔ̃ˈpʀɑ̃]

Wie schön!
› Comme c'est bien!
[kɔmsɛbjɛ̃]

Ich verstehe.
› Je comprends.
[ʒ(ə)kɔ̃pʀɑ̃]

Ganz Ihrer Meinung.
› Je suis tout à fait de votre avis.
[ʒ(ə)'sɥituta'fɛd(ə)vɔtʀa'vi]

Das stimmt.
› C'est vrai.
[sɛvʀɛ]

Das finde ich (sehr) gut.
› Je trouve ça (très) bien.
[ʒ(ə)tʀuv'sa(tʀɛ)'bjɛ̃]

Mit Vergnügen!
› Avec plaisir!
[avɛkpleziʀ]

Um zu widersprechen, können die folgenden Sätze verwendet werden:

Ich will nicht.
› Je ne veux pas.
[ʒən(ə)vøpa]

Dazu habe ich keine Lust.
› Je n'en ai pas envie.
[ʒ(ə)nɑ̃nɛ'pɑ(z)ɑ̃'vi]

Damit bin ich nicht einverstanden.
› Je ne suis pas d'accord avec ça.
[ʒən(ə)sɥi'pɑda'kɔʀavɛk'sa]

Das kommt nicht in Frage!
› Il n'en est pas question!
[ilnɑ̃nɛ'pɑkɛs'tjɔ̃]

Auf gar keinen Fall!
› En aucun cas!
[ɑ̃nokœ̃ka]

Ohne mich!
› Vous vous passerez de moi!
[vuvupɑs'ʀed(ə)'mwa]

Das gefällt mir gar nicht.
› Ça ne me plaît pas du tout.
[san(ə)mə'plɛpɑdy'tu]

Ich möchte lieber ...
› Je préférerais ...
[ʒ(ə)pʀefɛʀ(ə)ʀɛ]

Am liebsten wäre mir ...
› Ce que j'aimerais le plus, ce serait ...
[s(ə)kəʒɛm'ʀɛlə'plys'səs(ə)'ʀɛ]

Einladungen und Verabredungen

INVITATIONS ET RENDEZ-VOUS

das Café
› le café
[kafe]

das Kino
› le cinéma
[sinema]

das Theater
› le théâtre
[teɑtʀ]

das Ballett
› le ballet
[balɛ]

das Konzert
› le concert
[kɔ̃sɛʀ]

die Bar
› le bar
[baʀ]

das Date
› le rendez-vous
[ʀɑ̃devu]

tanzen gehen
› aller danser
[aledɑ̃se]

chillen
› décompresser
[dekɔ̃pʀese]

einladen
› inviter
[ɛ̃vite]

feiern
› faire la fête
[fɛʀlafɛt]

ausgehen
› sortir
[sɔʀtiʀ]

sich verabreden
› se donner rendez-vous
[s(ə)dɔˈneʀɑ̃deˈvu]

sich treffen
› se rencontrer
[s(ə)ʀɑ̃kɔ̃tʀe]

das Fest
› la fête
[fɛt]

die Party
› la soirée
[swaʀe]

der Film
› le film
[film]

die Oper
› l'opéra *m*
[ɔpeʀa]

das Musical
› la comédie musicale
[kɔmedimyzikal]

das Essen
› le repas
[ʀ(ə)pɑ]

essen gehen
› aller manger
[alemɑ̃ʒe]

das Restaurant
› le restaurant
[ʀɛstɔʀɑ̃]

die Kneipe
› le bistro(t)
[bistʀo]

flirten
› flirter
[flœʀte]

Sich verabschieden

PRENDRE CONGÉ

Wenn Sie sich verabschieden wollen, sind folgende Formulierungen hilfreich:

Auf Wiedersehen!
› Au revoir!
[ɔʀ(ə)vwaʀ]

Bis später!
› À plus tard!
[aplytaʀ]

Bis morgen!
› À demain!
[ad(ə)mɛ̃]

Mach's gut!
› Porte-toi bien!
[pɔʀt(ə)twabjɛ̃]

Gute Nacht!
› Bonne nuit!
[bɔn(ə)nɥi]

Tschüs!
› Salut!
[saly]

Bis bald!
› À bientôt!
[abjɛ̃to]

Unterwegs und auf Reisen

Die beste Sprachschule ist der direkte Austausch.
Starten Sie gut vorbereitet in Ihren nächsten Urlaub und finden Sie auch vor Ort die richtigen Worte.

Zu Fuß und auf der Straße

À PIED ET DANS LA RUE

Fahren Sie fort. So erreichen Sie Ihr Ziel direkt und ohne Umwege - ob kulturelle Veranstaltungen oder touristische Attraktionen. Mit dem folgenden Wortschatz bleiben Sie nicht auf der Strecke.

Wegbeschreibung

BEN
Entschuldigen Sie bitte, kennen Sie sich hier aus?
› Excusez-moi, s'il vous plaît, vous connaissez les environs?

PASSANTIN
Ja, bitte?
› Oui?

BEN
Wissen Sie, wie ich zum Kunstmuseum komme?
› Savez-vous comment je peux aller au musée d'art?

PASSANTIN
Ja sicher. Gehen Sie zuerst geradeaus diese Straße entlang ...
› Oui, bien sûr. D'abord, vous allez tout droit dans cette rue ...

BEN
Ja, und dann?
› Oui, et après?

PASSANTIN
Dann biegen Sie bei der zweiten Ampel rechts ab. Ab da folgen Sie den Schildern.
› Après, vous tournez à droite au deuxième feu rouge. À partir de là, vous suivez les panneaux.

BEN
Wie weit ist das?
› C'est à quelle distance?

PASSANTIN
Es ist ganz in der Nähe.
› C'est tout près.

BEN
Vielen Dank.
› Merci beaucoup.

laufen
› courir
[kuʀiʀ]

gehen
› marcher
[maʀʃe]

der Fußgänger
› le piéton
[pjetɔ̃]

der Gehweg
› le trottoir
[tʀɔtwaʀ]

das Fahrrad
› le vélo
[velo]

der Fahrradhelm
› le casque de cycliste
[kaskdəsiklist]

das Auto
› la voiture
[vwatyʀ]

fahren
› aller
[ale]

der Führerschein
› le permis de conduire
[pɛʀmid(ə)kɔ̃dɥiʀ]

der Lastwagen
› le camion
[kamjɔ̃]

der Wohnwagen
› la caravane
[kaʀavan]

das Motorrad
› la moto(cyclette)
[moto(siklɛt)]

der Weg
› le chemin
[ʃ(ə)mɛ̃]

die Straße
› la route
[ʀut]

die Raststätte
› l'aire de repos *f*
[ɛʀdəʀ(ə)po]

die Kreuzung
› le croisement
[kʀwazmɑ̃]

1 **die Fahrbahn**
› la voie de circulation
[vwad(ə)siʀkylasjɔ̃]

2 **die Autobahn**
› l'autoroute *f*
[otoʀut]

3 **die Kurve**
› le virage
[viʀaʒ]

4 **der Verkehr**
› la circulation
[siʀkylasjɔ̃]

5 **der Tunnel**
› le tunnel
[tynɛl]

6 **die Ampel**
› les feux
[fø]

der Fahrradweg
› la piste cyclable
[pistsiklabl]

der Kreisverkehr
› le rond-point
[ʀɔ̃pwɛ̃]

die Baustelle
› le chantier
[ʃɑ̃tje]

der Parkplatz
› le parking
[paʀkiŋ]

der Strafzettel
› la contravention
[kɔ̃tʀavɑ̃sjɔ̃]

der Stau
› l'embouteillage *m*
[ɑ̃butɛjaʒ]

die Landstraße
› la route départementale
[ʀutdepaʀtmɑ̃tal]

das Verkehrsschild
› le panneau de circulation
[panod(ə)siʀkylasjɔ̃]

der Zebrastreifen
› le passage protégé (pour piétons)
[pɑˈsaʒpʀɔteˈʒe (puʀpjeˈtɔ̃)]

parken
› se garer
[s(ə)gaʀe]

das Parkhaus
› le parking couvert
[paʀkiŋkuvɛʀ]

das Halteverbot
› l'interdiction de stationner *f*
[ɛ̃tɛʀdiksˈjɔ̃d(ə)stasjɔˈne]

die Tankstelle
› la station-service
[stasjɔ̃sɛʀvis]

tanken
› faire le plein
[fɛʀləplɛ̃]

das Benzin
› l'essence *f*
[esɑ̃]

der Diesel
› le diesel
[djezɛl]

Öffentliche Verkehrsmittel
TRANSPORTS EN COMMUN

der Bus
› le bus
[bys]

die U-Bahn
› le métro
[metʀo]

der Fahrplan
› l'horaire *m*
[ɔʀɛʀ]

die Fahrkarte
› le ticket
[tikɛ]

die Verspätung
› le retard
[ʀ(ə)taʀ]

das Taxi
› le taxi
[taksi]

der Bahnhof
› la gare
[gaʀ]

der Zug
› le train
[tʀɛ̃]

das Gleis
› la voie
[vwa]

die S-Bahn®
› le train de banlieue
[tʀɛ̃d(ə)bɑ̃ljø]

die Haltestelle
› la station
[stasjɔ̃]

der Fahrkartenautomat
› le distributeur (automatique) de tickets
[distʀibyˈtœʀ(otomaˈtik) dətiˈkɛ]

abfahren
› partir
[paʀtiʀ]

ankommen
› arriver
[aʀive]

umsteigen
› changer
[ʃɑ̃ʒe]

die 1./2. Klasse
› la première/seconde classe
[pRəmjɛR/s(ə)gɔ̃dklɑs]

der Anschluss
› la correspondance
[kɔRɛspɔ̃dɑ̃s]

das Abteil
› le compartiment
[kɔ̃paRtimɑ̃]

reservieren (*Sitzplatz*)
› réserver une place
[RezɛRveynplas]

der Schaffner
› le contrôleur
[kɔ̃tRolœR]

Wenn Sie mit Bus und Bahn unterwegs sind, können Ihnen die folgenden Fragen und Sätze weiterhelfen:

Bitte, wo ist die nächste Bushaltestelle/Straßenbahnhaltestelle/ U-Bahnstation?
› S'il vous plaît, où se trouve le prochain arrêt de bus/arrêt de tram/ la prochaine station de métro?
[silvu'plɛus(ə)'tRuvləpRɔʃɛ̃na'Rɛd(ə)bys/aRɛdə'tRam/lapRɔ'ʃɛnstasjɔ̃d(ə) me'tRo]

Welche Linie fährt nach ...?
› Quelle ligne va à ...?
[kɛl'liɲvaa...]

Wann fährt die erste/letzte U-Bahn nach ...?
› Quand passe le premier/dernier métro pour ...?
[kɑ̃'pɑsləpRə'mje/dɛR'njeme'tRopuR...]

Entschuldigen Sie, ist dies der Bus nach ...?
› Excusez-moi, est-ce que c'est le bus pour ...?
[ɛkskyze'mwaɛskə'sɛl(ə)bys'puR...]

Wie viele Haltestellen sind es?
› Il y a combien d'arrêts?
[il'jakɔ̃'bjɛ̃da'Rɛ]

Entschuldigen Sie, wo muss ich aussteigen/umsteigen?
› Excusez-moi, où faut-il que je descende/change?
[ɛkskyze'mwaufo'tilkəʒ(ə)de'sɑ̃d/ʃɑ̃ʒ]

Gibt es Tageskarten/Wochenkarten/Touristentickets?
› Est-ce qu'il y a des billets valables pour la journée/pour la semaine/ des billets touristiques?
[ɛskil'jadebi'jɛvalabl'puRlaʒuR'ne/puRlas(ə)'mɛn/debi'jɛtuRis'tik]

Bitte, einen Fahrschein nach ...
› Un billet pour ... s'il vous plaît.
[œ̃bi'jɛpuR... silvu'plɛ]

Der Automat nimmt keine Geldscheine an.
› Le distributeur automatique n'accepte pas les billets.
[lədistRiby'tœRotoma'tiknaksɛpt'pɑlebi'jɛ]

Auf Reisen
EN VOYAGE

der Flughafen
› l'aéroport *m*
[aeʀɔpɔʀ]

das Flugzeug
› l'avion *m*
[avjɔ̃]

fliegen
› voler
[vɔle]

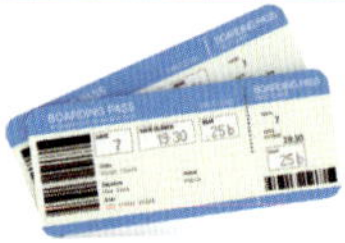

das Ticket
› le billet
[bijɛ]

das Gepäck
› les bagages *pl*
[bagaʒ]

die Sicherheitskontrolle
› le contrôle de sécurité
[kɔ̃tʀoldəsekyʀite]

die Flugbegleiterin
› l'hôtesse *f*
[otɛs]

der Pilot
› le pilote
[pilɔt]

landen
› atterrir
[ateʀiʀ]

starten
› décoller
[dekɔle]

die Ankunft
› l'arrivée *f*
[aʀive]

der Abflug
› le départ
[depaʀ]

einchecken
› se faire enregistrer
[s(ə)fɛʀɑ̃ʀ(ə)ʒistʀe]

das Gate
› la porte
[pɔʀt]

die Einreise
› l'entrée *f*
[ɑ̃tʀe]

der Ausweis
› la carte d'identité
[kaʀtdidɑ̃tite]

der Zoll
› la douane
[dwan]

die Ferien *Pl*
› les vacances *pl*
[vakɑ̃s]

die Pension
› la pension
[pɑ̃sjɔ̃]

buchen
› réserver
[ʀezɛʀve]

reservieren
› réserver
[ʀezɛʀve]

das Einzelzimmer
› la chambre individuelle
[ʃɑ̃bʀɛ̃dividɥɛl]

die Ferienwohnung
› la location de vacances
[lɔkasjɔ̃d(ə)vakɑ̃s]

das Hotel
› l'hôtel *m*
[otɛl]

die Vollpension
› la pension complète
[pɑ̃sjɔ̃kɔ̃plɛt]

die Halbpension
› la demi-pension
[d(ə)mipɑ̃sjɔ̃]

das Schiff
› le bateau
[bato]

die Kreuzfahrt
› la croisière
[kʀwazjɛʀ]

die Kabine
› la cabine
[kabin]

das Doppelzimmer
› la chambre à deux lits
[ʃɑ̃bʀadøli]

der Reisepass
› le passeport
[pɑspɔʀ]

die Bordkarte
› la carte d'embarquement
[kaʀtdɑ̃baʀkəmɑ̃]

Im Urlaub

EN VACANCES

Ankunft

HERR NEU
Guten Tag, mein Name ist Neu. Haben Sie noch ein Zimmer frei?
› Bonjour, mon nom est Neu. Avez-vous encore une chambre libre?

REZEPTIONISTIN
Was für ein Zimmer wünschen Sie? Ein Einzelzimmer?
› Quel type de chambre désirez-vous? Une chambre individuelle?

HERR NEU
Nein, ich hätte gern ein Doppelzimmer.
› Non, je voudrais une chambre à deux lits.

REZEPTIONISTIN
Gut ... für wie lange?
› Bon ... Pour combien de temps?

HERR NEU
Für zwei Nächte.
› Pour deux nuits.

REZEPTIONISTIN
Also ... ich könnte Ihnen ein Doppelzimmer mit Dusche und WC anbieten.
› Alors ... je pourrais vous proposer une chambre à deux lits avec douche et W.-C.

HERR NEU
Sehr gut! Ist das Frühstück inklusive?
› Très bien! Le petit-déjeuner est compris?

REZEPTIONISTIN
Nein, leider nicht, das Frühstück kostet extra.
› Non, malheureusement pas, le petit-déjeuner est en plus.

das Wohnmobil
› le camping-car
[kɑ̃piŋkaʀ]

zelten
› camper
[kɑ̃pe]

der Strand
› la plage
[plaʒ]

das Meer
› la mer
[mɛʀ]

sich sonnen
› bronzer
[bʀɔ̃ze]

das Gebirge
› la montagne
[mɔ̃taɲ]

wandern
› faire de la randonnée
[fɛʀd(ə)laʀɑ̃dɔne]

die Städtereise
› le circuit en ville
[siʀkɥiavil]

die Touristeninformation
› l'office de tourisme *m*
[ɔfisd(ə)tuʀism]

das Zelt
› la tente
[tɑ̃t]

der Campingplatz
› le terrain de camping
[teʀɛ̃d(ə)kɑ̃piŋ]

die Sehenswürdigkeit
› la curiosité
[kyʀjozite]

Folgende Fragen können sich beim Aufenthalt im Hotel ergeben:

Ab wann gibt es Frühstück?
› Le petit-déjeuner est à partir de quelle heure?
[ləp(ə)tideʒœˈneɛtapaʀˈtiʀd(ə)kɛˈlœʀ]

Wo ist der Speisesaal /der Frühstücksraum?
› Où est la salle à manger/la salle du petit-déjeuner?
[uɛlaˈsalamɑ̃ˈʒe/laˈsaldyp(ə)tideʒœˈne]

Gibt es Internetanschluss /Fernsehen im Zimmer?
› Est-ce qu'il y a un branchement Internet/une télévision dans la chambre?
[ɛskilˈjaœ̃bʀɑ̃ʃˈmɑ̃ɛ̃tɛʀˈnɛt/yntaleviˈzjɔ̃dɑ̃laˈʃɑ̃bʀ]

Haben Sie WLAN?
› Avez-vous la Wifi?
[avevulawiˈfi]

Bis wann müssen wir das Zimmer räumen?
› À quelle heure faut-il avoir quitté la chambre?
[akɛlœʀfoˈtilavwaʀkitelaˈʃɑ̃bʀ]

Können wir unser Gepäck dann noch hier lassen?
› Est-il possible de laisser ici nos bagages après?
[ɛtilpɔˈsibldəleseiˈsinobagaʒaˈpʀɛ]

Könnten Sie bitte die Rechnung fertig machen?
› Pourriez-vous préparer la facture, s'il vous plaît?
[puʀjevupʀepaˈʀelafakˈtyʀsilvuˈplɛ]

Vielen Dank für alles! Auf Wiedersehen!
› Merci beaucoup pour tout! Au revoir!
[mɛʀsiboˈkupuʀˈtuoʀ(ə)ˈvwaʀ]

Zu Hause, unterwegs und auf Reisen

À LA MAISON, EN ROUTE ET EN VOYAGE

das Haus
› la maison
[mɛzɔ̃]

die Tür
› la porte
[pɔʀt]

das Treppenhaus
› la cage d'escalier
[kaʒdɛskalje]

die Treppe
› l'escalier *m*
[ɛskalje]

der Aufzug
› l'ascenseur *m*
[asɑ̃sœʀ]

der Schlüssel
› la clé
[kle]

klingeln
› sonner
[sɔne]

der Briefkasten
› la boîte aux lettres
[bwatolɛtʀ]

der Flur
› l'entrée *f*
[ɑ̃tʀe]

wohnen
› habiter
[abite]

der Rollladen
› le volet roulant
[vɔlɛʀulɑ̃]

das Erdgeschoss
› le rez-de-chaussée
[ʀed(ə)ʃose]

die Wohnung
› l'appartement *m*
[apaʀtəmɑ̃]

das Dach
› le toit
[twa]

die Klingel
› la sonnette
[sɔnɛt]

das Fenster
› la fenêtre
[f(ə)nɛtʀ]

das Stockwerk
› l'étage *m*
[etaʒ]

1 der Sessel
› le fauteuil
[fotœj]

2 das Sofa
› le canapé
[kanape]

3 der Tisch
› la table
[tabl]

4 die Lampe
› la lampe
[lɑ̃p]

5 das Regal
› l'étagère *f*
[etaʒɛʀ]

6 der Stuhl
› la chaise
[ʃɛz]

der Teppich
› le tapis
[tapi]

die Fliese
› le carreau
[kaʀo]

das Parkett
› le parquet
[paʀkɛ]

der Vorhang
› le rideau
[ʀido]

die Heizung
› le chauffage
[ʃofaʒ]

die Küche
› la cuisine
[kɥizin]

das Zimmer
› la pièce
[pjɛs]

das Badezimmer
› la salle de bains
[saldəbɛ̃]

die Badewanne
› la baignoire
[bɛɲwaʀ]

das Waschbecken
› le lavabo
[lavabo]

der Wasserhahn
› le robinet
[ʀɔbinɛ]

die Klobürste
› la brosse à W.-C.
[bʀɔsavese]

das Handtuch
› la serviette
[sɛʀvjɛt]

der Spiegel
› le miroir
[miʀwaʀ]

das Bett
› le lit
[li]

das Wohnzimmer
› la salle de séjour
[saldəseʒuʀ]

das Esszimmer
› la salle à manger
[salamɑ̃ʒe]

das Kissen
› l'oreiller *m*
[ɔʀeje]

das Laken
› le drap
[dʀa]

die Bettdecke
› la couverture
[kuvɛʀtyʀ]

der Nachttisch
› la table de chevet
[tabldəʃ(ə)vɛ]

der Schrank
› l'armoire *f*
[aʀmwaʀ]

die Toilette
› le W.-C.
[vese]

die Dusche
› la douche
[duʃ]

das Schlafzimmer
› la chambre
à coucher
[ʃɑ̃bʀakuʃe]

das Kinderbett
› le lit d'enfant
[lidɑ̃fɑ̃]

der Wickeltisch
› la table à langer
[tablalɑ̃ʒe]

der Schreibtisch
› le bureau
[byʀo]

der Mülleimer
› la poubelle
[pubɛl]

(die Wäsche) waschen
› laver (le linge)
[lave(ləlɛ̃ʒ)]

die Waschmaschine
› la machine à laver
[maʃinalave]

der Hochstuhl
› la chaise haute
[ʃɛz´ot]

das Arbeitszimmer
› le bureau
[byʀo]

tippen
› taper
[tape]

schreiben
› écrire
[ekʀiʀ]

das Telefon
› le téléphone
[telefɔn]

das Kinderzimmer
› la chambre
d'enfants
[ʃɑ̃bʀdɑ̃fɑ̃]

der Trockner
› le sèche-linge
[sɛʃlɛ̃ʒ]

der Wäscheständer
› le séchoir (à linge)
[seʃwaʀ(alɛ̃ʒ)]

der Keller
› la cave
[kav]

das Dachgeschoss
› l'étage mansardé *m*
[etaʒmɑ̃saʀde]

die Garage
› le garage
[gaʀaʒ]

der Balkon
› le balcon
[balkɔ̃]

der Sonnenschirm
› le parasol
[paʀasɔl]

die Terrasse
› la terrasse
[teʀas]

der Liegestuhl
› la chaise longue
[ʃɛzlɔ̃g]

der Baum
› l'arbre *m*
[aʀbʀ]

gießen
› arroser
[aʀoze]

der Zaun
› la clôture
[klotyʀ]

1 **der Garten**
› le jardin
[ʒaʀdɛ̃]

2 **der Rasen**
› la pelouse
[p(ə)luz]

3 **der Rasenmäher**
› la tondeuse à gazon
[tɔ̃døzagɑzɔ̃]

4 **Rasen mähen**
› tondre la pelouse
[tɔ̃dʀlap(ə)luz]

5 **das Beet**
› la plate-bande
[platbɑ̃d]

6 **die Hecke**
› la haie
[ˈɛ]

Alltagsgegenstände und Geräte

APPAREILS ET OBJETS DE LA VIE QUOTIDIENNE

saugen
› passer l'aspirateur
[pɑselaspiʀatœʀ]

putzen
› nettoyer
[netwaje]

schrauben
› visser
[vise]

der Bohrer
› la perceuse
[pɛʀsøz]

bohren
› percer
[pɛʀse]

der Akkuschrauber
› le tournevis à accu
[tuʀnəvisaaky]

die Säge
› la scie
[si]

sägen
› scier
[sje]

die Leiter
› l'échelle *f*
[eʃɛl]

die Sicherung
› le fusible
[fyzibl]

die Steckdose
› la prise
(de courant)
[pʀiz(dəkuʀɑ̃)]

das Verlängerungskabel
› la rallonge
[ʀalɔ̃ʒ]

der Fernseher
› le téléviseur
[televizœʀ]

das Radio
› la radio
[ʀadjo]

der Staubsauger
› l'aspirateur *m*
[aspiʀatœʀ]

wischen
› essuyer
[esɥije]

der Handfeger
› la balayette
[balɛjɛt]

die Kehrschaufel
› la pelle à ordures
[pɛlaɔʀdyʀ]

der Besen
› le balai
[balɛ]

kehren
› balayer
[baleje]

das Bügelbrett
› la planche à repasser
[plɑ̃ʃaʀ(ə)pɑse]

das Bügeleisen
› le fer à repasser
[fɛʀaʀ(ə)pɑse]

bügeln
› repasser
[ʀ(ə)pɑse]

der Bügel
› le cintre
[sɛ̃tʀ]

twittern
› twitter
[twite]

der Tweet
› le tweet
[twit]

googeln
› googler
[gugle]

die Sozialen Medien *Pl*
› les médias sociaux *pl*
[medjasɔsjo]

die SMS
› le texto
[tɛksto]

der Computer
› l'ordinateur *m*
[ɔʀdinatœʀ]

das Werkzeug
› l'outil *m*
[uti]

der Hammer
› le marteau
[maʀto]

hämmern
› marteler
[maʀtəle]

der Nagel
› le clou
[klu]

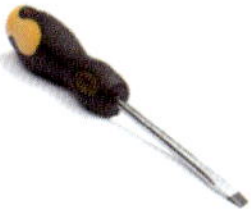

der Schraubenzieher
› le tournevis
[tuʀnəvis]

die Schraube
› la vis
[vis]

die Kombizange
› la pince universelle
[pɛ̃synivɛʀsɛl]

telefonieren
› téléphoner
[telefɔne]

die Webcam
› la webcam
[wɛbkam]

das Tablet
› la tablette (tactile)
[tablɛt(taktil)]

simsen
› envoyer un texto
[ɑ̃vwajeœ̃tɛksto]

streamen
› diffuser en mode continu
[dify'zeɑ̃mɔdkɔ̃ti'ny]

Wegbeschreibung und räumliche Begriffe

DESCRIPTION DU CHEMIN/NOTIONS SPATIALES

1 **rechts**
› à droite
[adʀwat]

2 **links**
› à gauche
[agoʃ]

3 **geradeaus**
› tout droit
[tudʀwa]

nah
› près
[pʀɛ]

vor
› devant
[d(ə)vɑ̃]

neben
› à côté (de)
[akote(də)]

das Schild
› le panneau
[pano]

die Mitte
› le milieu
[miljø]

weit entfernt
› très éloigné(e)
[tʀɛzelwaɲe]

oben
› en haut
[ɑ̃ˊo]

unten
› en bas
[ɑ̃ bɑ]

hinter
› derrière
[dɛʀjɛʀ]

Das Wetter
LE TEMPS

der Nebel
› le brouillard
[bʀujaʀ]

der Sonnenschein
› le soleil
[sɔlɛj]

die Temperatur
› la température
[tɑ̃peʀatyʀ]

heiß
› torride
[tɔʀid]

warm
› chaud(e)
[ʃo(d)]

kalt
› froid(e)
[fʀwa(d)]

der Regen
› la pluie
[plɥi]

windig
› venteux (-euse)
[vɑ̃tø(z)]

der Sturm
› la tempête
[tɑ̃pɛt]

das Gewitter
› l'orage *m*
[ɔʀaʒ]

der Blitz
› l'éclair *m*
[eklɛʀ]

der Schnee
› la neige
[nɛʒ]

In der Stadt
EN VILLE

die Stadt
› la ville
[vil]

die Innenstadt
› le centre-ville
[sɑ̃tʀ(ə)vil]

die Fußgängerzone
› la zone piétonne
[zonpjetɔn]

der Stadtteil
› le quartier
[kaʀtje]

die Altstadt
› la vieille ville
[vjɛjvil]

das Dorf
› le village
[vilaʒ]

der Turm
› la tour
[tuʀ]

das Hochhaus
› l'immeuble *m*
[imœbl]

der Platz
› la place
[plas]

das Rathaus
› l'hôtel de ville *m*
[otɛldəvil]

die Bibliothek
› la bibliothèque
[biblijɔtɛk]

der Friedhof
› le cimetière
[simtjɛʀ]

der Spielplatz
› le terrain de jeux
[teʀɛ̃d(ə)ʒø]

das Schwimmbad
› la piscine
[pisin]

die Brücke
› le pont
[pɔ̃]

das Museum
› le musée
[myze]

die Kirche
› l'église *f*
[egliz]

der Zoo
› le zoo
[zo(o)]

die Ruine
› la ruine
[ʀɥin]

das Denkmal
› le monument (commémoratif)
[mɔnymɑ̃(kɔmemɔʀatif)]

Essen und Trinken

Hausmannskost oder Restaurantbesuch: Die folgenden Seiten servieren Ihnen alle wichtigen Begriffe rund um Nahrungsmittel und Getränke.

Brot, Kuchen und Gebäck

PAIN, GÂTEAUX ET BISCUITS

Stillen Sie Ihren Wissensdurst. Lernen Sie, Ihre sprachliche Reise auch kulinarisch fortzusetzen und wortlose Durststrecken zu vermeiden.

das dunkle Brot
› le pain complet
[pɛ̃kɔ̃plɛ]

das helle Brot
› le pain blanc
[pɛ̃blɑ̃]

die Scheibe (Brot)
› la tranche (de pain)
[tʀɑ̃ʃ(dəpɛ̃)]

der Laib
› la miche
[miʃ]

das Brötchen
› le petit pain
[p(ə)tipɛ̃]

die Brezel
› le bretzel
[bʀɛtzɛl]

das Croissant
› le croissant
[kʀwasɑ̃]

das Baguette
› la baguette
[bagɛt]

der Keks
› le biscuit
[biskɥi]

der Muffin
› le muffin
[mœfin]

der Kuchen
› le gâteau
[gɑto]

selbst gebacken
› fait maison
[fɛmɛzɔ̃]

Milchprodukte und Eier
PRODUITS LAITIERS ET ŒUFS

die Milch
› le lait
[lɛ]

der/das Joghurt
› le yaourt
[jauʀ(t)]

die Sahne
› la crème
[kʀɛm]

der Käse
› le fromage
[fʀɔmaʒ]

der Quark
› le fromage blanc
[fʀɔmaʒblɑ̃]

das Ei
› l'œuf *m*
[œf]

ohne Eier
› sans œufs
[sɑ̃zø]

laktosefrei
› sans lactose
[sɑ̃laktoz]

die Butter
› le beurre
[bœʀ]

fettarm
› allégé(e)
[aleʒe]

die saure Sahne
› la crème sure
[kʀɛmsyʀ]

die süße Sahne
› la crème sucrée
[kʀɛmsykʀe]

die Margarine
› la margarine
[maʀgaʀin]

Gewürze und Soßen

ÉPICES ET SAUCES

der Pfeffer
› le poivre
[pwavʀ]

die Gewürze *Pl*
› les épices *pl*
[epis]

würzen
› épicer
[epise]

das Öl
› l'huile *f*
[ɥil]

der Essig
› le vinaigre
[vinɛgʀ]

das Salz
› le sel
[sɛl]

1 **der/das Ketchup**
› le ketchup
[kɛtʃœp]

2 **der Senf**
› la moutarde
[mutaʀd]

3 **die Mayonnaise**
› la mayonnaise
[majɔnɛz]

Fleisch und Geflügel
VIANDE ET VOLAILLE

das Rindfleisch
› la viande de bœuf
[vjɑ̃ddəbœf]

das Kalbfleisch
› la viande de veau
[vjɑ̃ddəvo]

das Schweinefleisch
› la viande de porc
[vjɑ̃ddəpɔʀ]

das Lammfleisch
› la viande d'agneau
[vjɑ̃ddaɲo]

die Salami
› le saucisson
[sosisɔ̃]

der Schinken
› le jambon
[ʒɑ̃bɔ̃]

die Ente
› le canard
[kanaʀ]

die Gans
› l'oie *f*
[wa]

die Pute
› la dinde
[dɛ̃d]

mager (*mageres Fleisch*)
› maigre
[mɛgʀ]

fett (*fettes Fleisch*)
› gras (grasse)
[gʀɑ(s)]

das Würstchen
› la saucisse
[sosis]

die Wurst (*Aufschnitt*)
› la charcuterie
[ʃaʀkytʀi]

das Hähnchen
› le poulet
[pulɛ]

Fisch und Meeresfrüchte
POISSON ET FRUITS DE MER

das Fischfilet
› le filet de poisson
[filɛdpwasɔ̃]

der Aal
› l'anguille *f*
[ɑ̃gij]

die Scholle
› le carrelet
[kaʀlɛ]

der Karpfen
› la carpe
[kaʀp]

der Zander
› le sandre
[sɑ̃dʀ]

die Auster
› l'huître *f*
[ɥitʀ]

die Kammmuschel
› le pétoncle
[petɔ̃kl]

der Lachs
› le saumon
[somɔ̃]

der Heilbutt
› le flétan
[fletɑ̃]

die Miesmuschel
› la moule
[mul]

die Forelle
› la truite
[tʀɥit]

die Makrele
› le maquereau
[makʀo]

der Krebs
› le crabe
[kʀɑb]

die Garnele
› la crevette
[kʀəvɛt]

der Kabeljau
› le cabillau
[kabijo]

Getreide und Mehl
CÉRÉALES ET FARINE

1 **die Nudeln** *Pl*
› les pâtes *pl*
[pɑt]

2 **die Penne** *Pl*
› les pennes *pl*
[pen]

3 **die Rigatoni** *Pl*
› les rigatonis *pl*
[ʀigatɔni]

4 **die Tagliatelle** *Pl*
› les tagliatelles *pl*
[taljatɛl]

5 **die Fusilli** *Pl*
› les fusillis *pl*
[fyzili]

6 **die Farfalle** *Pl*
› les farfalles *pl*
[faʀfal]

die Hefe
› la levure
[l(ə)vyʀ]

das Mehl
› la farine
[faʀin]

der Weizen
› le froment
[fʀɔmɑ̃]

glutenfrei
› sans gluten
[sɑ̃glytɛn]

die Spaghetti *Pl*
› les spaghettis *pl*
[spageti]

der Reis
› le riz
[ʀi]

Wenn Sie ein Restaurant suchen oder einen Tisch bestellen möchten, können Sie dies folgendermaßen formulieren:

Wo gibt es hier ein gutes Restaurant?
› Où y a-t-il un bon restaurant par ici?
[u(i)ja'tilœ̃bɔ̃ʀɛstɔ'ʀɑ̃paʀi'si]

Wo kann man hier in der Nähe preiswert essen?
› Où peut-on manger pour pas cher, dans le coin?
[upøtɔ̃mɑ̃'ʒepuʀpɑ'ʃɛʀdɑ̃l'kwɛ̃]

Ich möchte für heute Abend einen Tisch für vier Personen reservieren.
› Je voudrais réserver une table pour quatre personnes pour ce soir.
[ʒ(ə)vu'dʀɛʀezɛʀveyn'tablpuʀkatʀpɛʀ'sɔnpuʀsə'swaʀ]

Ich habe einen Tisch für acht Uhr reserviert.
› J'ai réservé une table pour huit heures.
[ʒɛʀezɛʀveyn'tablpuʀ'ɥitœʀ]

Ist dieser Tisch noch frei?
› Est-ce que cette table est encore libre?
[ɛskəsɛt'tablɛtɑ̃kɔʀ'libʀ]

Einen Tisch für zwei Personen, bitte.
› Une table pour deux personnes, s'il vous plaît.
[yn'tablpuʀdøpɛʀ'sɔnsilvu'plɛ]

Naschwerk

FRIANDISES

der Schokoriegel
› la barre chocolatée
[baʀʃɔkɔlate]

die Schokolade
› le chocolat
[ʃɔkɔla]

die Praline
› la crotte en chocolat
[kʀɔtɑ̃ʃɔkɔla]

der/das Kaugummi
› le chewing-gum
[ʃwiŋgɔm]

das Eis
› la glace
[glas]

zuckerfrei
› sans sucre
[sɑ̃sykʀ]

das Knabbergebäck
› le biscuit à grignoter
[biskɥiagʀiɲɔte]

die Chips *Pl*
› les chips *pl*
[ʃips]

die Salzstangen *Pl*
› les sticks (salés) *pl*
[stik(sale)]

das Popcorn
› le pop-corn
[pɔpkɔʀn]

die Lakritze
› la réglisse
[ʀeglis]

die Süßigkeiten *Pl*
› les sucreries *pl*
[sykʀəʀi]

der/das Bonbon
› le bonbon
[bɔ̃bɔ̃]

der Lutscher
› la sucette
[sysɛt]

das Gummibärchen
› l'ourson en gomme gélifiée *m*
[uʀsɔ̃ɑ̃gɔmʒelifje]

Gemüse
LÉGUMES

der Rucola
› la roquette
[ʀɔkɛt]

der Feldsalat
› la mâche
[mɑʃ]

der Spinat
› l'épinard *m*
[epinaʀ]

frisch
› frais (fraîche)
[fʀɛ(ʃ)]

der Kohlrabi
› le chou-rave
[ʃuʀav]

der Chicorée
› l'endive *f*
[ɑ̃div]

der Wirsing
› le chou frisé
[ʃufʀiʒe]

die Artischocke
› l'artichaut *m*
[aʀtiʃo]

der Fenchel
› le fenouil
[fənuj]

welk
› fané(e)
[fane]

faulig
› pourri(e)
[puʀi]

verschimmelt
› moisi(e)
[mwazi]

die Zucchini
› la courgette
[kuʀʒɛt]

der Kohl
› le chou
[ʃu]

der Rosenkohl
› le chou de Bruxelles
[ʃudbʀy(k)sɛl]

sonnengereift
› mûri(e) au soleil
[myʀiosɔlɛj]

die Olive
› l'olive *f*
[ɔliv]

der Mais
› le maïs
[mais]

die Süßkartoffel
› la patate douce
[patat(ə)dus]

die Schalotte
› l'échalote *f*
[eʃalɔt]

die Wurzelpetersilie
› le persil tubéreux
[pɛʀsitybeʀø]

der Spargel
› l'asperge *f*
[aspɛʀʒ]

der/die Stangensellerie
› le céleri en branches
[sɛlʀiɑ̃bʀɑ̃ʃ]

der Pilz
› le champignon
[ʃɑ̃piɲɔ̃]

giftig
› vénéneux (-euse)
[venenø(z)]

ungiftig
› comestible
[kɔmɛstibl]

der Steinpilz
› le cèpe
[sɛp]

der Champignon
› le champignon de Paris
[ʃɑ̃piɲɔ̃d(ə)paʀi]

der Lauch
› le poireau
[pwaʀo]

das Radieschen
› le radis
[ʀadi]

das Tiefkühlgemüse
› le légume surgelé
[legymsyʀʒəle]

die grüne Bohne
› le haricot vert
[ˊaʀikovɛʀ]

die Hülsenfrüchte *Pl*
› les légumes secs *pl*
[legymsɛk]

die Sojabohne
› la graine de soja
[gʀɛndəsɔʒa]

die Linse
› la lentille
[lɑ̃tij]

die Kidneybohne
› le haricot rouge
[ˊaʀikoʀuʒ]

die Kichererbse
› le pois chiche
[pwɑʃiʃ]

die Erbse
› le pois
[pwɑ]

die Avocado
› l'avocat *m*
[avɔka]

1 der Salat
› la salade
[salad]

2 der Kürbis
› la courge
[kuʀʒ]

3 der Brokkoli
› le brocoli
[bʀɔkɔli]

4 die Petersili
› le persil
[pɛʀsi]

8 die Zwiebel
› l'oignon *m*
[ɔɲɔ̃]

9 die Karotte
› la carotte
[kaʀɔt]

10 der Knoblauch
› l'ail *m*
[aj]

11 die Bohne
› le haricot
[ˈaʀiko]

5 die Paprika (Schote)
› le poivron
[pwavʀɔ̃]

6 die Aubergine
› l'aubergine *f*
[obɛʀʒin]

7 die Gurke
› le concombre
[kɔ̃kɔ̃bʀ]

12 die Kartoffel
› la pomme de terre
[pɔmdətɛʀ]

13 die Tomate
› la tomate
[tɔmat]

14 der Blumenkohl
› le chou-fleur
[ʃuflœʀ]

Obst
FRUITS

die Erdbeere
› la fraise
[fʀɛz]

die Stachelbeere
› la groseille à maquereau
[gʀozɛjamakʀo]

die Brombeere
› la mûre
[myʀ]

die Johannisbeere
› la groseille
[gʀozɛj]

die Aprikose
› l'abricot *m*
[abʀiko]

die Kirsche
› la cerise
[s(ə)ʀiz]

der Apfel
› la pomme
[pɔm]

die Birne
› la poire
[pwaʀ]

die Orange
› l'orange *f*
[ɔʀɑ̃ʒ]

die Zitrone
› le citron
[sitʀɔ̃]

die Limette
› le citron vert
[sitʀɔ̃vɛʀ]

die Trauben
› le raisin
[ʀɛzɛ̃]

die Mango
› la mangue
[mɑ̃g]

die Kiwi
› le kiwi
[kiwi]

die Ananas
› l'ananas *m*
[anana(s)]

Getränke

BOISSONS

das Mineralwasser
› l'eau minérale *f*
[omineʀal]

mit/ohne Kohlensäure
› avec/sans gaz
[avɛk/sɑ̃gɑz]

der Saft
› le jus
[ʒy]

die Limonade
› la limonade
[limɔnad]

das/die Cola
› le coca
[kɔka]

die heiße Schokolade
› le chocolat chaud
[ʃɔkɔlaʃo]

der Kaffee
› le café
[kafe]

zum Mitnehmen/to go
› à emporter
[ɑ̃pɔʀte]

der Milchkaffee
› le café au lait
[kafeolɛ]

der Espresso
› l'expresso *m*
[ɛkspʀɛso]

der Cappuccino
› le capuccino
[kaputʃino]

die Schorle
› le jus de pomme coupé d'eau gazeuse [ʒyd(ə) pɔmkupedogɑzøz]

der/die Latte macchiato
› le latte macchiato
[latemakjato]

der Eiskaffee
› le café liégeois
[kafeljeʒwa]

der Zucker
› le sucre
[sykʀ]

koffeinfrei
› décaféiné(e)
[dekafeine]

das Wasser
› l'eau *f*
[o]

das Leitungswasser
› l'eau du robinet *f*
[odyʀɔbinɛ]

der Milchschaum
› le lait battu
[lɛbaty]

der Tee
› le thé
[te]

der Schwarztee
› le thé noir
[tenwaʀ]

der Grüntee
› le thé vert
[tevɛʀ]

der Früchtetee
› le thé aux fruits
[teofʀɥi]

der Kräutertee
› la tisane
[tizan]

der Eistee
› le thé glacé
[teglase]

der Teebeutel
› le sachet de thé
[saʃɛdəte]

der Süßstoff
› l'édulcorant *m*
[edylkɔʀɑ̃]

der Alkohol
› l'alcool *m*
[alkɔl]

alkoholfrei
› sans alcool
[sɑ̃zalkɔl]

das Bier
› la bière
[bjɛʀ]

der Kasten Bier
› la caisse de bière
[kɛsdəbjɛʀ]

die Flasche
› la bouteille
[butɛj]

das Weizen (Bier)
› la bière blanche
[bjɛʀblɑ̃ʃ]

das Pils
› la pils
[pils]

der Schnaps
› l'eau-de-vie *f*
[od(ə)vi]

der Whisky
› le whisky
[wiski]

der Gin
› le gin
[dʒin]

der Rum
› le rhum
[ʀɔm]

der Cocktail
› le cocktail
[kɔktɛl]

der Wein
› le vin
[vɛ̃]

der Korken
› le bouchon
[buʃɔ̃]

der Weißwein
› le vin blanc
[vɛ̃blɑ̃]

der Rotwein
› le vin rouge
[vɛ̃ʀuʒ]

der Roséwein
› le vin rosé
[vɛ̃ʀoze]

der Sekt
› le (vin) mousseux
[(vɛ̃)musø]

der Champagner
› le champagne
[ʃɑ̃paɲ]

der Likör
› la liqueur
[likœʀ]

der Weinbrand
› le cognac
[kɔɲak]

der Sherry
› le sherry
[ʃeʀi]

die Weinschorle
› le vin coupé d'eau gazeuse
[vɛ̃kupedogazøz]

abgestanden
› éventé(e)
[evɑ̃te]

der Süßstoff
› l'édulcorant *m*
[edylkɔʀɑ̃]

Getränke bestellen

KELLNER
Was möchten Sie trinken?
› Qu'est-ce que vous prenez?

NINA
Ich hätte gern ein Glas Apfelschorle.
› J'aimerais un verre de jus de pomme coupé d'eau gazeuse.

KELLNER
Und Sie?
› Et pour vous?

LISA
Ich möchte ein Glas trockenen Rotwein.
› Je voudrais un verre de vin rouge sec.

KELLNER
Dann empfehle ich Ihnen unseren Hauswein.
› Alors, je vous conseille notre vin maison.

LISA
Danke, dann hätte ich gern ein Glas davon.
› Merci, alors j'en prendrai un verre.

Bei Tisch
À TABLE

essen
› manger
[mɑ̃ʒe]

trinken
› boire
[bwaʀ]

der Teller
› l'assiette *f*
[asjɛt]

die Schüssel
› le bol
[bɔl]

das Glas
› le verre
[vɛʀ]

der Becher
› le gobelet
[gɔblɛ]

die Stäbchen *Pl*
› les baguettes *pl*
[bagɛt]

die Serviette
› la serviette
[sɛʀvjɛt]

das Tablett
› le plateau
[plato]

1 **die Tasse**
› la tasse
[tɑs]

2 **die Untertasse**
› la soucoupe
[sukup]

1 das Besteck
› le couvert
[kuvɛʀ]

2 die Gabel
› la fourchette
[fuʀʃɛt]

3 das Messer
› le couteau
[kuto]

4 der Esslöffel
› la grande cuillère
[gʀɑ̃dkɥijɛʀ]

5 der Teelöffel
› la petite cuillère
[p(ə)titkɥijɛʀ]

das Geschirr
› la vaisselle
[vɛsɛl]

schmatzen
› faire du bruit en mâchant
[fɛʀdybʀɥiɑ̃mɑʃɑ̃]

kauen
› mâcher
[mɑʃe]

schlürfen
› boire bruyamment
[bwaʀbʀɥijamɑ̃]

die Tischdecke
› la nappe
[nap]

decken (*den Tisch*)
› mettre la table
[mɛtʀlatabl]

kleckern
› faire une tache
[fɛʀyntaʃ]

Im Restaurant
AU RESTAURANT

Essen bestellen

KELLNER
Haben Sie schon gewählt?
› Avez-vous déjà choisi?

NINA
Ich möchte einen kleinen gemischten Salat als Vorspeise.
› J'aimerais une petite salade composée comme entrée.

LISA
Ich hätte gerne die Suppe. Die anderen möchten keine Vorspeise.
› Je voudrais la soupe. Les autres ne veulent pas d'entrée.

KELLNER
Und als Hauptspeise?
› Et comme plat principal?

TOM
Was können Sie uns empfehlen?
› Qu'est-ce que vous nous conseillez?

KELLNER
Unser Tagesgericht ist heute ...
› Notre plat du jour, aujourd'hui, c'est...

TOM
Dann nehme ich das.
› Alors, je prends ça.

BEN
Ich möchte...
› Je voudrais...

der Hunger
› la faim
[fɛ̃]

satt
› rassasié(e)
[ʀasazje]

glutenfrei
› sans gluten
[sɑ̃glytɛn]

laktosefrei
› sans lactose
[sɑ̃laktoz]

vegetarisch
› végétarien(ne)
[veʒetaʀjɛ̃, ɛn]

vegan
› végan
[vegɑ̃]

die Rechnung
› l'addition *f*
[adisjɔ̃]

das Trinkgeld
› le pourboire
[puʀbwaʀ]

bestellen
› commander
[kɔmɑ̃de]

die Vorspeise
› l'entrée *f*
[ɑ̃tʀe]

die Suppe
› la soupe
[sup]

die Hauptspeise
› le plat principal
[plapʀɛ̃sipal]

die Beilage
› l'accompagnement *m*
[akɔ̃paɲmɑ̃]

der Nachtisch
› le dessert
[desɛʀ]

die Nahrungsmittel-intoleranz
› l'intolérance alimen-taire *f* [ɛ̃tɔleʀɑ̃salimɑ̃tɛʀ]

der Durst
› la soif
[swaf]

allergisch (gegen)
› allergique (à)
[alɛʀʒik(a)]

das Restaurant
› le restaurant
[ʀɛstɔʀɑ̃]

reservieren
› réserver
[ʀezɛʀve]

der Gast
› le client
[klijɑ̃]

die Speisekarte
› le menu
[məny]

die Bestellung
› la commande
[kɔmɑ̃d]

sich beschweren
› se plaindre
[s(ə)plɛ̃dʀ]

bezahlen
› payer
[peje]

die Kreditkarte
› la carte de crédit
[kaʀtdəkʀedi]

das Getränk
› la boisson
[bwasɔ̃]

der Kaffee
› le café
[kafe]

der Beilagensalat
› la salade d'accompagnement
[saladdakɔ̃paɲmɑ̃]

der Kellner
› le serveur
[sɛʀvœʀ]

bedienen
› servir
[sɛʀviʀ]

Folgende Formulierungen können Ihnen darüber hinaus bei der Bestellung nützlich sein:

Ich hätte gerne etwas Typisches aus der Region.
› Je voudrais quelque chose de typique de la région.
[ʒ(ə)vuˈdʀɛkɛlkʃozdətiˈpikd(ə)laʀeˈʒjɔ̃]

Haben Sie vegetarische Gerichte/Diätkost?
› Avez-vous des plats végétariens/diététiques?
[avevudeplaveʒetaˈʀjɛ̃/djeteˈtik]

Gibt es bei Ihnen auch Kinderportionen?
› Faites-vous aussi des portions pour enfants?
[fɛtvuoˈsidepɔʀsjɔ̃puʀɑ̃ˈfɑ̃]

Könnte ich Pommes frites statt Reis haben?
› Est-ce que je peux avoir des frites à la place du riz?
[ɛskəʒ(ə)pøawaʀdeˈfʀitalaplasdyˈʀi]

Ich bin Diabetiker(in) / Vegetarier(in) / Veganer(in).
› Je suis diabétique / végétarien(ne) / végétalien(ne).
[ʒɛsɥidjabeˈtik/veʒetaˈʀjɛ̃/veʒetaˈʀjɛn/veʒetaˈljɛ̃/veʒetaˈljɛn]

Ich bin allergisch gegen Eier / Gluten / Milchprodukte / Nüsse.
› Je suis allergique aux œufs / au gluten / aux produits laitiers / aux noix.
[ʒɛsɥi(z)alɛʀʒikoˈzø/oglyˈtɛn/opʀɔdɥileˈtje/oˈnwa]

Frühstück

PETIT-DÉJEUNER

der Honig
› le miel
[mjɛl]

die Marmelade
› la confiture
[kɔ̃fityʀ]

die Haferflocken *Pl*
› les flocons d'avoine *pl*
[flɔkɔ̃davwan]

das Müsli
› les céréales *pl*
[seʀeal]

die Erdnussbutter
› le beurre de cacahuète
[bœʀdəkakawɛt]

die Nussnougatcreme
› la pâte à tartiner au chocolat
[pɑtataʀtineoʃɔkɔla]

Mittagessen und Abendessen

DÉJEUNER ET DÎNER

das Steak
› le steak
[stɛk]

blutig
› saignant(e)
[seɲɑ̃(t)]

durch
› bien cuit(e)
[bjɛ̃kɥi(t)]

der Braten
› le rôti
[ʀoti]

das Kotelett
› la côtelette
[kotlɛt]

das Schnitzel
› l'escalope *f*
[ɛskalɔp]

der/das Gulasch
› le goulache
[gulaʃ]

die Frikadelle
› la boulette de viande hachée
[bulɛtdəvjɑ̃dˈaʃe]

der Tofu
› le tofu
[tofy]

das Brathähnchen
› le poulet rôti
[pulɛʀoti]

der Obstsalat
› la salade de fruits
[saladdəfʀɥi]

das Mousse
› la mousse au chocolat
[musoʃɔkɔla]

der Pudding
› le flan
[flɑ̃]

nicht schmecken
› être mauvais(e)
[ɛtʀmovɛ(z)]

(gut) schmecken
› être bon (bonne)
[ɛtʀbɔ̃, bɔn]

paniert
› pané(e)
[pane]

scharf
› épicé(e)
[epise]

die Suppe
› la soupe
[sup]

das hart gekochte Ei
› l'œuf dur *m*
[œfdyʀ]

gedünstet
› à la vapeur
[alavapœʀ]

süß
› sucré(e)
[sykʀe]

bitter
› amer (amère)
[amɛʀ]

heiß
› brûlant(e)
[bʀylɑ̃(t)]

versalzen
› trop saler
[tʀosale]

das Fischstäbchen
› le bâtonnet de poisson
[bɑtɔnɛdpwasɔ̃]

die Lasagne
› les lasagnes *pl*
[lazaɲ]

das Spiegelei
› l'œuf au plat *m*
[œfopla]

lecker
› délicieux (-euse)
[delisjø(z)]

gebraten
› rôti(e)
[ʀoti]

sauer
› aigre
[ɛgʀ]

fettig
› gras (grasse)
[gʀɑ(s)]

kalt
› froid(e)
[fʀwa(d)]

das Kartoffelpüree
› la purée de pommes de terre
[pyʀedpɔmdətɛʀ]

die Pizza
› la pizza
[pidza]

der Eintopf
› le pot-au-feu
[pɔtofø]

das Omelett
› l'omelette *f*
[ɔmlɛt]

gegrillt
› grillé(e)
[gʀije]

überbacken
› gratiné(e)
[gʀatine]

salzig
› salé(e)
[sale]

zu scharf/süß
› trop épicé(e)/sucré(e)
[tʀoepise/sykʀe]

das Fertiggericht
› le plat cuisiné
[plakɥizine]

die Spaghetti Bolognese *Pl*
› les spaghettis bolognaise *pl*
[spagetibɔlɔɲɛz]

In der Küche

DANS LA CUISINE

der Mixer
› le mixeur
[miksœʀ]

das Schneidebrett
› la planche à découper
[plɑ̃ʃadekupe]

abtrocknen
› essuyer
[esɥije]

die Spülmaschine
› le lave-vaisselle
[lavvɛsɛl]

der Kühlschrank
› le réfrigérateur
[ʀefʀiʒeʀatœʀ]

der Mülleimer
› la poubelle
[pubɛl]

der Wasserkocher
› la bouilloire électrique
[bujwaʀelɛktʀik]

das Spülmittel
› le produit pour la vaisselle
[pʀɔdɥipuʀlavɛsɛl]

die Kaffeemaschine
› la cafetière électrique
[kaftjɛʀelɛktʀik]

1 **der Topf**
› la casserole
[kasʀɔl]

2 **der Deckel**
› le couvercle
[kuvɛʀkl]

kochen
› faire la cuisine
[fɛʀlakɥizin]

braten
› rôtir
[ʀɔtiʀ]

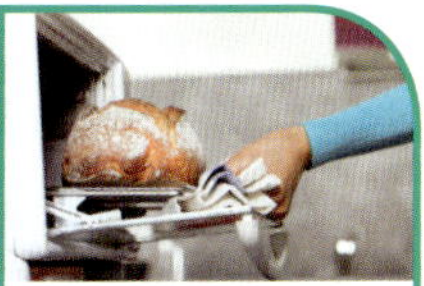

backen
› cuire au four
[kɥiʀɔfuʀ]

umrühren
› remuer
[ʀəmɥe]

vermengen
› mélanger
[melɑ̃ʒe]

zubereiten
› préparer
[pʀepaʀe]

schälen
› éplucher
[eplyʃe]

kosten (probieren)
› goûter
[gute]

die Pfanne
› la poêle
[pwal]

das Rezept
› la recette
[ʀ(ə)sɛt]

der Herd
› la cuisinière
[kɥizinjɛʀ]

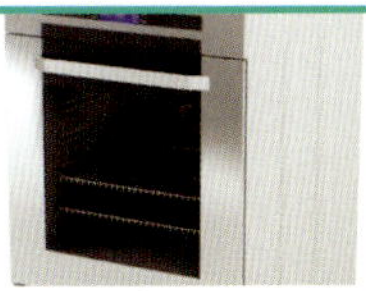

der Backofen
› le four
[fuʀ]

Bezahlen

TOM
Kellner, bringen Sie uns bitte die Rechnung. Ich würde gerne zahlen.
› Garçon, apportez-nous l'addition, s'il vous plaît. Je voudrais payer.

TOM
Nehmen Sie auch Kreditkarten?
› Vous prenez aussi les cartes de crédit?

KELLNER
Ja, selbstverständlich.
› Oui, naturellement.

Einkaufen

Ein breiter Wortschatz rund ums Einkaufen steht Ihnen in diesem Kapitel zur Verfügung.

Geschäfte

MAGASINS

Greifen Sie zu. Damit Jacke nicht wie Hose ist: Lernen Sie die wichtigsten Wörter rund um Kleidung, Lebensmittel und Einkaufen im Allgemeinen. Nehmen Sie so viel mit, wie Sie können.

die Bäckerei
› la boulangerie
[bulɑ̃ʒʀi]

der Buchladen
› la librairie
[libʀeʀi]

die Apotheke
› la pharmacie
[faʀmasi]

die Drogerie
› la droguerie
[dʀɔgʀi]

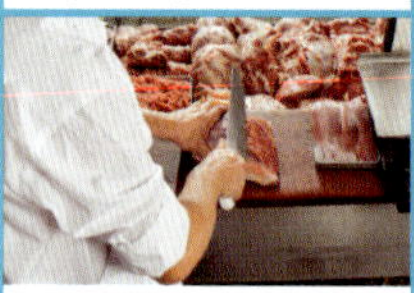

die Metzgerei
› la boucherie-charcuterie
[buʃʀiʃaʀkytʀi]

der Obst- und Gemüsehändler
› le marchand de fruits et légumes
[maʀˈʃɑ̃d(ə)fʀɥi(z) eleˈgym]

der Supermarkt
› le supermarché
[sypɛʀmaʀʃe]

das Sportgeschäft
› le magasin de sport
[magazɛ̃dspɔʀ]

der Fotoladen
› le magasin de photographie
[magazɛ̃d(ə)fɔtɔgʀafi]

der Blumenladen
› la boutique de fleuriste
[butikdəflœʀist]

der Fischladen
› la poissonnerie
[pwasɔnʀi]

der Bioladen
› le magasin bio
[magazɛ̃bjo]

das Schuhgeschäft
› le magasin de chaussures
[magazɛ̃d(ə)ʃosyʀ]

das Kaufhaus
› le grand magasin
[gʀɑ̃magazɛ̃]

der Markt
› le marché
[maʀʃe]

der Souvenirladen
› le magasin de souvenirs
[magazɛ̃d(ə)suv(ə)niʀ]

Wenn Sie Souvenirs kaufen möchten, können Sie beispielsweise folgende Formulierungen verwenden:

Ich hätte gern ein hübsches Andenken.
› Je voudrais un joli cadeau-souvenir.
[ʒ(ə)vuˈdʀɛœ̃ʒɔlikaˈdosuv(ə)ˈniʀ]

Am liebsten hätte ich etwas Typisches aus dieser Gegend.
› Je préférerais quelque chose de typique de la région.
[ʒ(ə)pʀefɛʀˈʀɛkɛlkˈʃozdətiˈpikd(ə)laʀeˈʒjɔ̃]

Wie viel wollen Sie ausgeben?
› Combien voulez-vous y mettre?
[kɔ̃ˈbjɛ̃vulevuiˈmɛtʀ]

Ich möchte etwas Preisgünstiges.
› Je voudrais quelque chose de bon marché.
[ʒ(ə)vuˈdʀɛkɛlkˈʃozdəbɔ̃maʀˈʃe]

Das ist aber hübsch.
› Je trouve ça très joli.
[ʒ(ə)tʀuvˈsatʀɛʒɔli]

Können Sie mir das bitte als Geschenk verpacken?
› Pouvez-vous me l'emballer comme cadeau, s'il vous plaît?
[puveˈvum(ə)lɑ̃baˈlekɔmkaˈdosilvuˈplɛ]

Gibt es das auch etwas günstiger?
› Avez-vous cela aussi en moins cher?
[avevus(ə)ˈlaosiɑ̃mwɛ̃ˈʃɛʀ]

Grundlagen

BASES

die Kasse
› la caisse
[kɛs]

der Kassenzettel
› le ticket de caisse
[tikɛd(ə)kɛs]

bezahlen
› payer
[peje]

bar bezahlen
› payer en liquide
[pejeɑ̃likid]

mit Karte bezahlen
› payer par carte
[pejepaʀkaʀt]

das Wechselgeld
› la monnaie
[mɔnɛ]

der Preis
› le prix
[pʀi]

das Sonderangebot
› l'offre spéciale *f*
[ɔfʀ(ə)spesjal]

verkaufen
› vendre
[vɑ̃dʀ]

VERKÄUFERIN
Werden Sie schon bedient?
› Est-ce qu'on vous sert déjà?

LISA
Danke, wir sehen uns nur um.
› Merci, nous regardons seulement.

Im Supermarkt
AU SUPERMARCHÉ

teuer
› cher (chère)
[ʃɛʀ]

reduziert
› soldé(e)
[sɔlde]

ausverkauft
› épuisé(e)
[epɥize]

abgelaufen
› périmé(e)
[peʀime]

der Einkaufswagen
› le caddie
[kadi]

anstehen
› faire la queue
[fɛʀlakø]

die Käsetheke
› le rayon fromages
[ʀɛjɔ̃fʀɔmaʒ]

frisch
› frais (fraîche)
[fʀɛ(ʃ)]

die Öffnungszeiten *Pl*
› les heures d'ouverture *pl*
[œʀduvɛʀtyʀ]

umtauschen
› échanger
[eʃɑ̃ʒe]

kosten
› coûter
[kute]

preiswert
› bon marché
[bɔ̃maʀʃe]

der (die) Kassierer(in)
› le, la caissier (-ière) *m(f)*
[kesje, ɛʀ]

der Einkaufskorb
› le panier d'achat
[panjedaʃa]

die Fleischtheke
› le rayon boucherie
[ʀɛjɔ̃buʃʀi]

die Fischtheke
› le rayon poissonnerie
[ʀɛjɔ̃pwasɔnʀi]

das Kühlregal
› le rayon réfrigéré
[ʀɛjɔ̃ʀefʀiʒeʀe]

das (Flaschen-)Pfand
› la bouteille consignée
[butɛjkɔ̃siɲe]

die Kundentoilette
› les toilettes pour la clientèle *pl*
[twaˈlɛtpuʀlakliјɑ̃ˈtɛl]

der (die) Kunde (-in)
› le, la client(e)
[klijɑ̃(t)]

kaufen
› acheter
[aʃte]

Im Kaufhaus

AU GRAND MAGASIN

Auf einer Shoppingtour können Ihnen folgende Fragen und Sätze weiterhelfen:

Entschuldigen Sie bitte, wo finde ich die Spielwarenabteilung/ Sportabteilung?
› Excusez-moi, où se trouve le rayon des jouets/des articles de sport?
[ɛkskyzeˈmwaustʀuvləʀɛˈjɔ̃deˈʒwɛ/dezaʀtikldəˈspɔʀ]

Ich möchte ...
› Je voudrais ...
[ʒ(ə)vuˈdʀɛ]

Haben Sie ...?
› Avez-vous ...?
[avevu]

Ich suche ein gestreiftes/kariertes/gemustertes Oberteil.
› Je cherche un haut à rayures/à carreaux/imprimé.
[ʒəʃɛʀʃœ̃ˈoaʀɛˈjyʀ/akaˈro/ɛ̃pʀiˈme]

Ich hätte gern eine hellere/dunklere Hose.
› Je voudrais un pantalon plus clair/foncé.
[ʒ(ə)vuˈdʀɛœ̃pɑ̃taˈlɔ̃plyˈklɛʀ/fɔ̃ˈse]

Gibt es das etwas größer/kleiner/länger/kürzer/enger/weiter?
› Avez-vous cela en plus grand/petit/long/court/étroit/large?
[aveˈvus(ə)laɑ̃plyˈgʀɑ̃/p(ə)ti/lɔ̃/kuʀ/etʀwa/laʀʒ]

Es passt nicht.
› Ça ne va pas.
[sanvapa]

Es ist zu groß/klein/lang/kurz/eng/weit.
› C'est trop grand/petit/long/court/étroit/large.
[sɛtʀɔˈgʀɑ̃/p(ə)ti/lɔ̃/kuʀ/etʀwa/laʀʒ]

Ich möchte das bitte zurückgeben/umtauschen.
› Je voudrais rendre/échanger cela, s'il vous plaît.
[ʒ(ə)vuˈdʀɛʀɑ̃dʀ/eʃɑ̃ʒes(ə)ˈlasilvuˈplɛ]

Farben und Muster

COULEURS ET MOTIFS

1 **blau**
› bleu(e)
[blø]

2 **rot**
› rouge
[ʀuʒ]

3 **gelb**
› jaune
[ʒon]

7 **orange**
› orange
[ɔʀɑ̃ʒ]

8 **lila**
› violet(te)
[vjɔlɛ, ɛt]

9 **rosa**
› rose
[ʀoz]

4 schwarz
› noir(e)
[nwaʀ]

5 weiß
› blanc (blanche)
[blɑ̃(ʃ)]

6 grün
› vert(e)
[vɛʀ(t)]

10 braun
› marron
[maʀɔ̃]

11 bunt
› multicolore
[myltikolɔʀ]

12 gemustert
› à dessins
[adesɛ̃]

Eigenschaften
PROPRIÉTÉS

1 gut
› bon (bonne)
[bɔ̃, bɔn]

2 besser
› meilleur(e)
[mɛjœʀ]

3 am besten
› le mieux
[ləmjø]

weich
› doux (douce)
[du(s)]

hart
› dur(e)
[dyʀ]

rund
› rond(e)
[ʀɔ̃(d)]

quadratisch
› carré(e)
[kaʀe]

viereckig
› rectangulaire
[ʀɛktɑ̃gylɛʀ]

spitz
› pointu(e)
[pwɛ̃ty]

schlecht
› mauvais(e)
[movɛ(z)]

kratzig
› rêche
[ʀɛʃ]

oval
› ovale
[ɔval]

eckig
› anguleux (-euse)
[ɑ̃gylø(z)]

aus Plastik/Glas/Metall
› en plastique/verre/métal
[ɑ̃plastik/vɛʀ/metal]

Kleidung
HABILLEMENT

das Kleid
› la robe
[ʀɔb]

der Rock
› la jupe
[ʒyp]

die Unterhose
› le slip
[slip]

das Unterhemd
› le tricot de corps
[tʀikod(ə)kɔʀ]

der BH
› le soutien-gorge
[sutjɛ̃gɔʀʒ]

die Strümpfe *Pl*
› les bas *pl*
[bɑ]

Größe/Anprobieren

TAILLE/ESSAYAGE

Nach der Farbe fragen

TOM
Wie findest du dieses Kleid?
› Comment trouves-tu cette robe?

LISA
Das ist nicht ganz, was ich möchte. Die Farbe gefällt mir nicht.
› Ce n'est pas tout à fait ce que je cherche. La couleur ne me plaît pas.

TOM (ZUR VERKÄUFERIN)
Haben Sie das auch noch in einer anderen Farbe als Rot?
› Avez-vous cela aussi dans une autre couleur que rouge?

VERKÄUFERIN
Ja, das haben wir auch in Blau.
› Oui, nous l'avons aussi en bleu.

LISA
Sehr gut! Können Sie es uns bitte zeigen?
› Très bien! Pouvez-vous nous la montrer, s'il vous plaît?

VERKÄUFERIN
Gerne.
› Volontiers.

die Socken *Pl*
› les chaussettes *pl*
[ʃosɛt]

der Schlafanzug
› le pyjama
[piʒama]

die Hose
› le pantalon
[pɑ̃talɔ̃]

die Jeans *meist Pl*
› le jean
[dʒin]

die Mütze
› le bonnet
[bɔnɛ]

der Pullover
› le pull-over
[pylɔvɛʀ]

das T-Shirt
› le tee-shirt
[tiʃœʀt]

die Jacke
› la veste
[vɛst]

der Regenmantel
› l'imperméable *m*
[ɛ̃pɛʀmeabl]

der Regenschirm
› le parapluie
[paʀaplɥi]

der Handschuh
› le gant
[gɑ̃]

der Schal
› l'écharpe *f*
[eʃaʀp]

anziehen
› mettre
[mɛtʀ]

tragen
› porter
[pɔʀte]

anprobieren
› essayer
[eseje]

sich ausziehen
› se déshabiller
[sə dezabije]

Nach der Größe fragen

LISA
Das blaue Kleid gefällt mir! Ich würde es gern anprobieren.
› Cette robe bleue me plaît! Je voudrais bien l'essayer.

VERKÄUFERIN
Welche Konfektionsgröße haben Sie?
› Quelle est votre taille en confection?

LISA
Ich habe Größe 38, manchmal auch 40.
› Je fais du 38, parfois aussi du 40.

VERKÄUFERIN
Gut, dann hole ich beide Größen für Sie.
› Bon, alors je vais aller vous chercher ces deux tailles.

TOM
Ich finde das blaue Kleid wirklich viel schöner als das rote.
› Je trouve la robe bleue vraiment beaucoup plus belle que la rouge.

VERKÄUFERIN
So, hier haben wir das blaue Kleid in 38 und in 40.
› Alors, voici la robe bleue en 38 et en 40.

LISA
Danke schön.
› Merci beaucoup.

VERKÄUFERIN
Ich komme gleich zurück, probieren Sie die Kleider in Ruhe an.
› Je reviens tout de suite, essayez les robes tranquillement.

LISA
Hm ... das eine ist mir zu klein, das andere zu groß.
› Hum ... l'une est trop petite et l'autre trop grande pour moi.

TOM
Ich finde, das engere Kleid passt gut.
› Je trouve que la robe plus étroite te va bien.

der Strampelanzug
› la grenouillère
[gʀənujɛʀ]

das Lätzchen
› la bavette
[bavɛt]

der Schuh
› la chaussure
[ʃosyʀ]

der Stiefel
› la botte
[bɔt]

die Sandale
› la sandale
[sɑ̃dal]

die Flipflops® *Pl*
› les tongs *pl*
[tɔ̃g]

der Schnürsenkel
› le lacet
[lasɛ]

die Sohle
› la semelle
[s(ə)mɛl]

der Gummistiefel
› la botte en caoutchouc
[bɔtɑ̃kautʃu]

1 **der Absatz**
› le talon
[talɔ̃]

2 **flach** (*Absatz*)
› plat
[pla]

3 **hoch** (*Absatz*)
› haut
['o]

die Tasche
› le sac
[sak]

der Rucksack
› le sac à dos
[sakado]

die Handtasche
› le sac à main
[sakamɛ̃]

der Koffer
› la valise
[valiz]

der Trolley
› la valise à roulettes
[valizaʀulɛt]

der Gürtel
› la ceinture
[sɛ̃tyʀ]

Seide, Wolle, Polyester: Mit diesen Fragen erfahren Sie woraus die Kleider gemacht sind:

Sind die Schuhe aus Leder?
› Est-ce que ces chaussures sont en cuir?
[ɛskəseʃo'syʀsɔ̃tɑ̃'kɥiʀ]

Ist die Bluse aus reiner Seide?
› Est-ce que ce chemisier est en pure soie?
[ɛskəsəʃ(ə)mi'zjeɛtɑ̃pyʀ'swa]

Ich suche Socken aus reiner Wolle.
› Je cherche des chaussettes en pure laine.
[ʒəʃɛʀʃdeʃo'sɛtɑ̃pyʀ'lɛn]

aus 100% Baumwolle/Leinen/Polyester
› en 100% coton/lin/polyester
[ɑ̃sɑ̃puʀ'sɑ̃kɔtɔ̃/lɛ̃/pɔliɛs'tɛʀ]

Bezahlen

LISA
Gut, Tom, ich nehme es. Wie viel kostet es denn überhaupt?
› Bon, Tom, je la prends. Au fait, elle coûte combien?

TOM
Warte, hier ist das Schild ... 99 Euro.
› Attends, voilà l'étiquette ... 99 euros.

LISA
Das ist aber teuer! So viel wollte ich eigentlich nicht ausgeben.
› Mais c'est très cher! Je n'avais pas l'intention de dépenser autant.

TOM (AN DER KASSE)
Geben Sie einen Rabatt?
› Vous nous faites un rabais?

VERKÄUFERIN
Es tut mir leid, aber wir haben hier eigentlich feste Preise ...
› Je suis désolée, mais ici les prix sont déjà fixés ...

LISA
Dann überlege ich es mir noch mal.
› Dans ce cas, je vais encore y réfléchir.

VERKÄUFERIN
Sind Sie einverstanden, wenn ich Ihnen 5 % Nachlass gebe?
› Seriez-vous d'accord, si je vous faisais 5% de réduction?

LISA
Einverstanden. Kann ich mit der EC-Karte zahlen?
› Entendu. Est-ce que je peux payer avec ma carte eurochèque?

VERKÄUFERIN
Selbstverständlich.
› Naturellement.

Sportbekleidung

VÊTEMENTS DE SPORT

der Badeanzug
› le maillot de bain
[majod(ə)bɛ̃]

der Bikini
› le bikini
[bikini]

die Jogginghose
› le pantalon de jogging
[pɑ̃talɔ̃də(d)ʒɔgiŋ]

der Turnschuh
› la chaussure de sport
[ʃosyʀdəspɔʀ]

die Badehose
› le slip de bain
[slipdəbɛ̃]

die Skibrille
› les lunettes de ski *pl*
[lynɛtdəski]

atmungsaktiv
› qui laisse passer l'air
[kilɛspaselɛʀ]

die Skihose
› le pantalon de ski
[pɑ̃talɔ̃d(ə)ski]

die Outdoorjacke
› la veste d'extérieur
[vɛst(ə)dɛksteʀjœʀ]

der Skistiefel
› la chaussure de ski
[ʃosyʀdəski]

die Trekkinghose
› le pantalon de trekking
[pɑ̃talɔ̃dətʀekiŋ]

der Wanderschuh
› la chaussure de marche
[ʃosyʀdəmaʀʃ]

Auf dem Markt

AU MARCHÉ

Lebensmittel kaufen

HÄNDLERIN
Guten Tag. Was darf es sein?
› Bonjour. Vous désirez?

NINA
Geben Sie mir bitte 10 Scheiben rohen Schinken und dieses Stück Gouda.
› Donnez-moi 10 tranches de jambon cru et ce morceau de gouda, s'il vous plaît.

HÄNDLERIN
Soll ich es auch in Scheiben schneiden?
› Faut-il aussi le couper en tranches?

NINA
Nein, nicht nötig, danke.
› Non, ce n'est pas nécessaire, merci.

HÄNDLERIN
Was darf es sonst noch sein?
› Et avec cela?

NINA
Haben Sie auch Bioprodukte?
› Avez-vous aussi des produits bio?

HÄNDLERIN
Ja, hier haben wir Bio-Rindfleisch.
› Oui, nous avons là de la viande de bœuf bio.

NINA
Davon hätte ich gerne ein Pfund, bitte.
› J'en voudrais une livre, s'il vous plaît.

HÄNDLERIN
Darf es auch etwas mehr sein?
› Vous faut-il encore autre chose?

NINA
Nein. Das wäre alles.
› Non, ce sera tout.

bedienen
› servir
[sɛʀviʀ]

bestellen
› commander
[kɔmɑ̃de]

saisonal
› saisonnier (-ière)
[sɛzɔnje, ɛʀ]

regional
› régional(e)
[ʀeʒjɔnal]

bio
› bio
[bjo]

das Pfund
› la livre
[livʀ]

das Kilo
› le kilo
[kilo]

das Gramm
› le gramme
[gʀam]

geschnitten
› tranché(e)
[tʀɑ̃ʃe]

am Stück
› en un seul morceau
[ɑ̃nœ̃sœlmɔʀso]

aus eigener Produktion
› de sa propre production
[dəsaˈpʀɔpʀ(ə)pʀɔdykˈsjɔ̃]

der Markstand
› le stand de marché
[stɑ̃ddəmaʀʃe]

der (die) Marktverkäufer(in)
› le, la marchand(e)
[maʀʃɑ̃(d)]

Drogerieartikel
ARTICLES DE DROGUERIE

die Creme
› la crème
[kʀɛm]

die Wimperntusche
› le mascara
[maskaʀa]

der Spiegel
› le miroir
[miʀwaʀ]

die Nagelfeile
› la lime à ongles
[limaɔ̃gl]

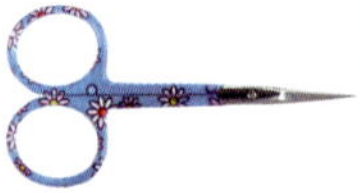

die Nagelschere
› les ciseaux à ongles *pl*
[sizoaɔ̃gl]

der Lippenpflegestift
› le baume pour les lèvres
[bompuʀlelɛvʀ]

das Deo(dorant)
› le déodorant
[deɔdɔʀɑ̃]

die Seife
› le savon
[savɔ̃]

das Duschgel
› le gel douche
[ʒɛlduʃ]

das Shampoo
› le shampooing
[ʃɑ̃pwɛ̃]

die Bürste
› la brosse
[bʀɔs]

der Kamm
› le peigne
[pɛɲ]

die Sonnencreme
› la crème solaire
[kʀɛmsɔlɛʀ]

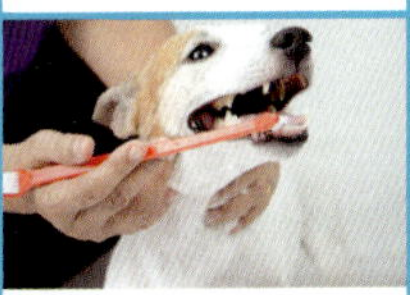

die Zahnbürste
› la brosse à dents
[bʀɔsadɑ̃]

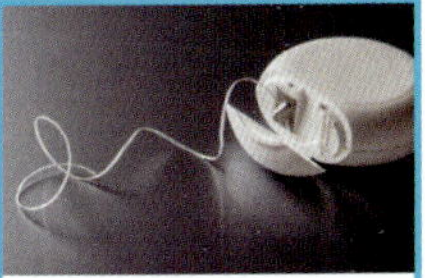

die Zahnseide
› le fil dentaire
[fildɑ̃tɛʀ]

das Wattepad
› le coton à démaquiller
[kɔtɔ̃ademakije]

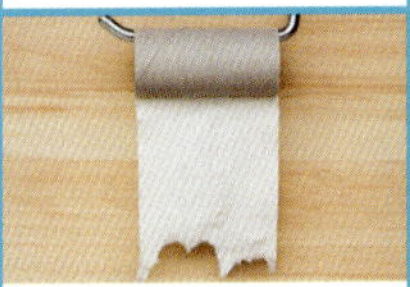

das Toilettenpapier
› le papier hygiénique
[papjeiʒjenik]

das Papiertaschentuch
› le mouchoir en papier
[muʃwaʀɑ̃papje]

Im Haushalt
LE MÉNAGE

die Nadel
› l'aiguille *f*
[egɥij]

nähen
› coudre
[kudʀ]

die Reißzwecke
› la punaise
[pynɛz]

die Sicherheitsnadel
› l'épingle de sûreté *f*
[epɛ̃gldəsyʀte]

putzen
› nettoyer
[netwaje]

das Putzmittel
› le produit d'entretien
[pʀɔdɥidɑ̃tʀətjɛ̃]

der Schwamm
› l'éponge *f*
[epɔ̃ʒ]

der Müllbeutel
› le sac poubelle
[sakpubɛl]

die Alufolie
› la feuille d'aluminium
[fœjdalyminjɔm]

die Frischhaltefolie
› le film plastique
[filmplastik]

das Waschmittel
› la lessive
[lesiv]

die Wäscheleine
› la corde à linge
[kɔʀdalɛ̃ʒ]

die Wäscheklammer
› la pince à linge
[pɛ̃salɛ̃ʒ]

die Schere
› les ciseaux *pl*
[sizo]

die Glühbirne
› l'ampoule *f*
[ɑ̃pul]

die Zahncreme
› le dentifrice
[dɑ̃tifʀis]

die Zahnseide
› le fil dentaire
[fildɑ̃tɛʀ]

das Wattestäbchen
› le coton-tige®
[kɔtɔ̃tiʒ]

die Damenbinde
› la serviette périodique
[sɛʀvjɛtpeʀjɔdik]

die Slipeinlage
› le protège-slip
[pʀɔtɛʒslip]

der Tampon
› le tampon (hygiénique)
[tɑ̃pɔ̃(iʒjenik)]

das Kondom
› le préservatif
[pʀezɛʀvatif]

der Rasierschaum
› la mousse à raser
[musaʀɑze]

der Rasierapparat
› le rasoir électrique
[ʀɑzwaʀelɛktʀik]

die Rasierklinge
› la lame de rasoir
[lamdəʀɑzwaʀ]

die Windel
› la couche
[kuʃ]

der Schnuller
› la sucette
[sysɛt]

die Saugflasche
› le biberon
[bibʀɔ̃]

die Haarspange
› la barrette
[baʀɛt]

der/das Haargummi
› l'élastique pour cheveux *m*
[elastikpuʀʃ(ə)vø]

Elektroartikel/Computer

ÉLECTROMÉNAGER/ORDINATEURS

das Handy
› le (téléphone) portable
[(telefɔn)pɔʀtabl]

das Smartphone
› le smartphone
[smaʀtfɔn]

das Telefon
› le téléphone
[telefɔn]

die SIM-Karte
› la carte SIM
[kaʀtsim]

die Prepaid-Karte
› la carte prépayée
[kaʀtpʀepeje]

surfen
› surfer
[sœʀfe]

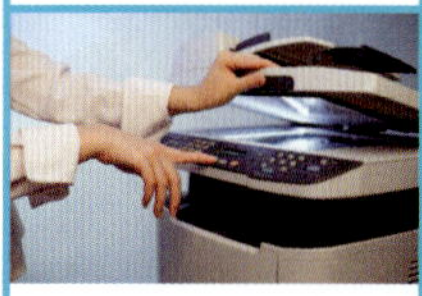

scannen
› scanner
[skane]

kopieren
› copier
[kɔpje]

der Computer
› l'ordinateur *m*
[ɔʀdinatœʀ]

der Drucker
› l'imprimante *f*
[ɛ̃pʀimɑ̃t]

das Tablet
› la tablette (tactile)
[tablɛt(taktil)]

der/das Laptop
› l'ordinateur portable *m*
[ɔʀdinatœʀpɔʀtabl]

das Guthaben
› l'avoir *m*
[avwaʀ]

der Tarif
› le tarif
[taʀif]

die App
› l'application *f*
[aplikasjɔ̃]

die Speicherkarte
› la carte à mémoire
[kaʀtamemwaʀ]

die CD/DVD
› le CD/DVD
[sede/devede]

speichern
› sauvegarder
[sovgaʀde]

der Lautsprecher
› le haut-parleur
['opaʀlœʀ]

das Kabel
› le câble
[kɑbl]

der Adapter
› l'adaptateur *m*
[adaptatœʀ]

das Ladegerät
› le chargeur
[ʃaʀʒœʀ]

aufladen
› charger
[ʃaʀʒe]

aufladen
› charger
[ʃaʀʒe]

der Provider
› le fournisseur d'accès
[fuʀnisœʀdaksɛ]

der Fotoapparat
› l'appareil (de) photo *m*
[apaʀɛj(də)fɔto]

der MP3-Player
› le lecteur de MP3
[lɛktœʀdəɛmpetʀwɑ]

downloaden
› télécharger
[teleʃaʀʒe]

der Kopfhörer
› le casque
[kask]

die Dockingstation
› la station d'accueil
[stasjɔ̃dakœj]

der Stecker
› la prise
[pʀiz]

der USB-Stick
› la clé USB
[kleyɛsbe]

der Akku
› l'accu *m*
[aky]

die Batterie
› la batterie
[batʀi]

Notdienste und Erste Hilfe

Manche Situationen verlangen schnelle Reaktionen und klare Worte. Folgende Seiten trainieren Sie für den Ernstfall.

Der Körper

LE CORPS

Lernen Sie, sich zu helfen. Damit Sie nicht sprachlos bleiben, wenn es im wahrsten Sinne des Wortes brennt. Folgende Vokabeln helfen Ihnen dabei, Notfälle, Krankheiten und Gefahren beim Namen zu nennen.

1 **der Kopf**
› la tête
[tɛt]

2 **das Gesicht**
› le visage
[vizaʒ]

3 **der Mund**
› la bouche
[buʃ]

4 **die Stirn**
› le front
[fʀɔ̃]

5 **die Wange**
› la joue
[ʒu]

6 **das Ohr**
› l'oreille *f*
[ɔʀɛj]

7 **die Schulter**
› l'épaule *f*
[epol]

8 **der Ellenbogen**
› le coude
[kud]

9 **die Hand**
› la main
[mɛ̃]

10 **der Oberschenkel**
› la cuisse
[kɥis]

11 **das Knie**
› le genou
[ʒ(ə)nu]

12 **die Wade**
› le mollet
[mɔlɛ]

die Nase
› le nez
[ne]

das Auge
› l'œil *m*
[œj]

der Kiefer
› la mâchoire
[mɑʃwaʀ]

die Lippe
› la lèvre
[lɛvʀ]

die Zunge
› la langue
[lɑ̃g]

der Zahn
› la dent
[dɑ̃]

das Kinn
› le menton
[mɑ̃tɔ̃]

der Hals
› le cou
[ku]

der Nacken
› la nuque
[nyk]

der Oberkörper
› le torse
[tɔʀs]

die Brust
› la poitrine
[pwatʀin]

der Bauch
› le ventre
[vɑ̃tʀ]

die Hüfte
› la hanche
[ˈɑ̃ʃ]

die Taille
› la taille
[tɑj]

der Arm
› le bras
[bʀa]

das Handgelenk
› le poignet
[pwaɲɛ]

der Finger
› le doigt
[dwa]

der Penis
› le pénis
[penis]

der Hoden
› le testicule
[tɛstikyl]

die Scheide
› le vagin
[vaʒɛ̃]

das Gesäß
› le derrière
[dɛʀjɛʀ]

der Rücken
› le dos
[do]

das Bein
› la jambe
[ʒɑ̃b]

das Schienbein
› le tibia
[tibja]

der Fuß
› le pied
[pje]

die Ferse
› le talon
[talɔ̃]

der Knöchel
› la cheville
[ʃ(ə)vij]

das Geschlechtsorgan
› l'organe sexuel *m*
[ɔʀgansɛksɥɛl]

der Zeh
› l'orteil *m*
[ɔʀtɛj]

die Haut
› la peau
[po]

der Daumen
› le pouce
[pus]

der Zeigefinger
› l'index *m*
[ɛ̃dɛks]

der Mittelfinger
› le majeur
[maʒœʀ]

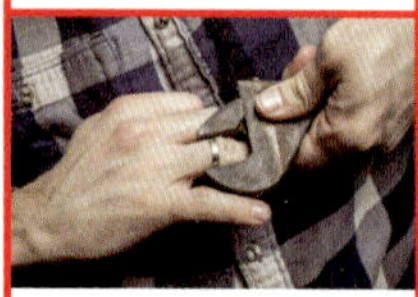

der Ringfinger
› l'annulaire *m*
[anylɛʀ]

der kleine Finger
› l'auriculaire *m*
[ɔʀikylɛʀ]

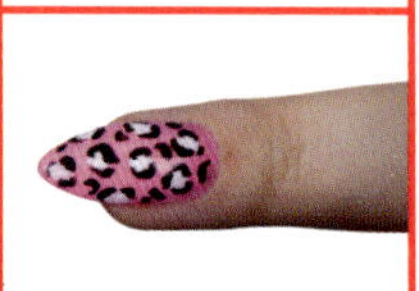

der Nagel
› l'ongle *m*
[ɔ̃gl]

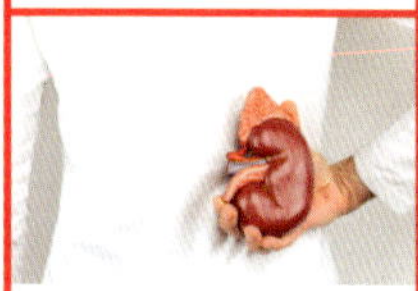

die Niere
› le rein
[ʀɛ̃]

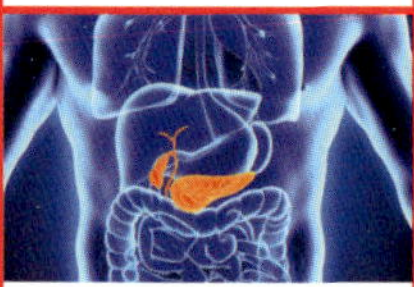

die Bauchspeicheldrüse
› le pancréas
[pɑ̃kʀeɑs]

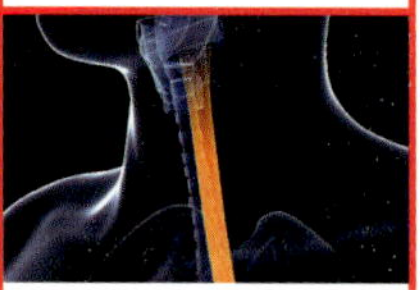

die Speiseröhre
› l'œsophage *m*
[ezɔfaʒ]

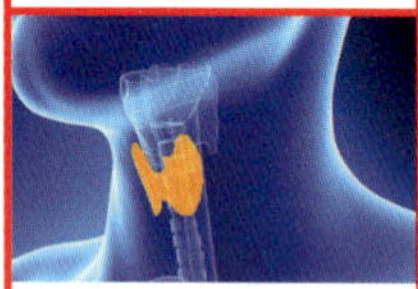

die Schilddrüse
› la glande thyroïde
[glɑ̃tiʀɔid]

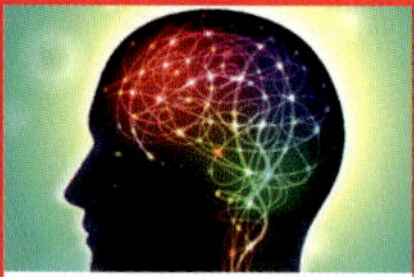

das Gehirn
› le cerveau
[sɛʀvo]

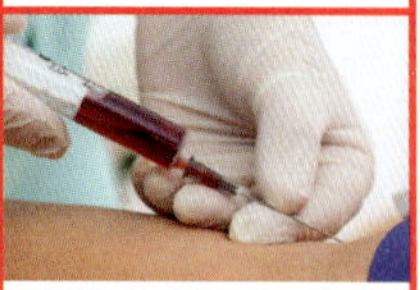

das Blut
› le sang
[sɑ̃]

der Muskel
› le muscle
[myskl]

die Sehne
› le tendon
[tɑ̃dɔ̃]

das Herz
› le cœur
[kœʀ]

die Lunge
› le poumon
[pumɔ̃]

der Magen
› l'estomac *m*
[ɛstɔma]

der Darm
› l'intestin *m*
[ɛ̃tɛstɛ̃]

die Leber
› le foie
[fwa]

die Milz
› la rate
[ʀat]

die Ader
› la veine
[vɛn]

die Vene
› la veine
[vɛn]

die Arterie
› l'artère *f*
[aʀtɛʀ]

der Kreislauf
› la circulation sanguine
[siʀkylasjɔ̃sɑ̃gin]

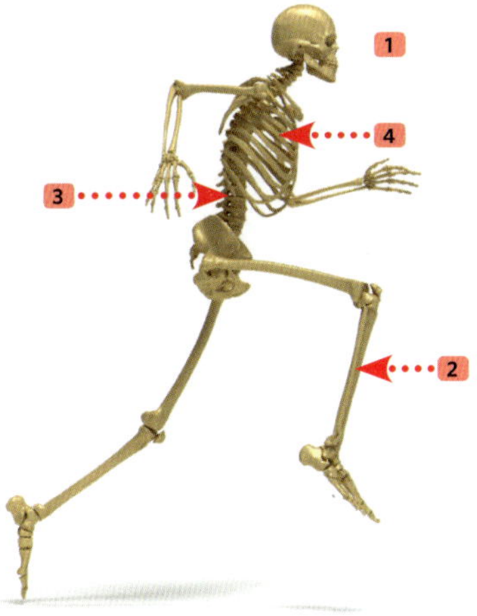

1 **das Skelett**
› le squelette
[skəlɛt]

2 **der Knochen**
› l'os *m*
[ɔs]

3 **die Wirbelsäule**
› la colonne vertébrale
[kɔlɔnvɛʀtebʀal]

4 **die Rippe**
› la côte
[kot]

Arztbesuch

VISITE MÉDICALE

die Ärztin
› le médecin
[medsɛ̃]

die Patientin
› la patiente
[pasjɑ̃t]

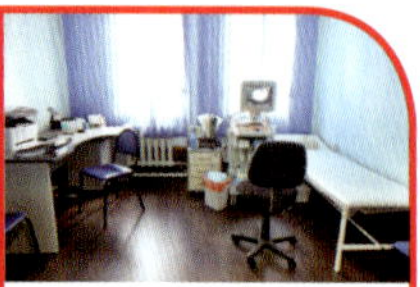

das Sprechzimmer
› le cabinet
[kabinɛ]

die Sprechstunde
› la consultation
[kɔ̃syltasjɔ̃]

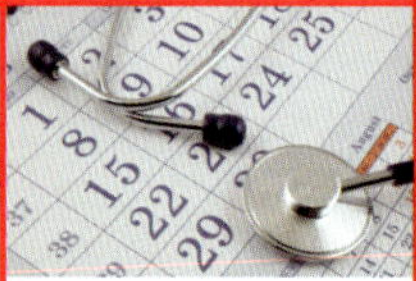

der Termin
› le rendez-vous
[ʀɑ̃devu]

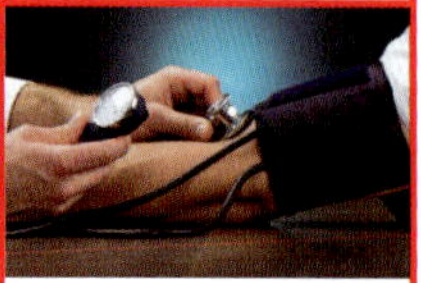

der Blutdruck
› la tension (sanguine)
[tɑ̃sjɔ̃(sɑ̃gin)]

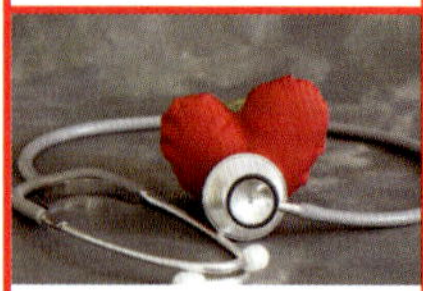

das Stethoskop
› le stéthoscope
[stetɔskɔp]

die Versichertenkarte
› la carte d'assuré social
[kaʀtdasyʀesɔsjal]

das Wartezimmer
› la salle d'attente
[saldatɑ̃t]

aufrufen
› appeler
[aple]

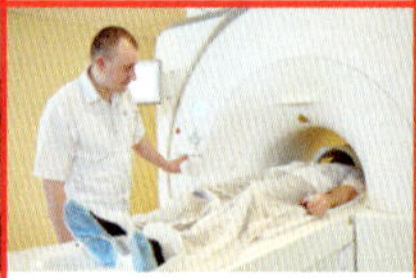

die Untersuchung
› l'examen *m*
[ɛgzamɛ̃]

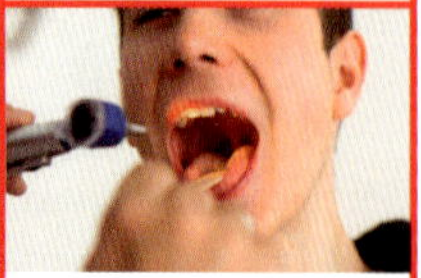

untersuchen
› examiner
[ɛgzamine]

Für den Fall, dass Sie einen Arzt benötigen oder aufsuchen, können folgende Fragen und Sätze für Sie von Nutzen sein:

Könnten Sie mir einen Arzt/Hals-Nasen-Ohren-Arzt/Kinderarzt/Zahnarzt empfehlen?
› Pourriez-vous me recommander un médecin/oto-rhino/pédiatre/dentiste?
[puʀjeˈvuməʀ(ə)kɔmɑ̃ˈdeœmedˈsɛ̃/ɔtɔʀino/pedjatʀ/dɑ̃tist]

Wo ist seine/ihre Praxis?
› Où est son cabinet?
[uˈɛsɔ̃kabiˈnɛ]

Ich hätte gern einen Termin.
› Je voudrais un rendez-vous.
[ʒ(ə)vuˈdʀɛœ̃ʀɑ̃deˈvu]

Es ist ein Notfall.
› C'est un cas d'urgence.
[sɛtœ̃ˈkadyʀˈʒɑ̃s]

Bitte nehmen Sie im Wartezimmer Platz.
› Prenez place dans la salle d'attente, s'il vous plaît.
[pʀəneˈplasdɑ̃lasaldaˈtɑ̃tsilvuˈplɛ]

Der Nächste, bitte.
› Au suivant.
[osɥivɑ̃]

Es ist ein scharfer/pochender/dumpfer Schmerz.
› C'est une douleur aiguë/lancinante/sourde.
[sɛtynduˈlœʀɛgy/lɑ̃sinɑ̃t/suʀd]

Ich habe einen hohen/niedrigen Blutdruck.
› Ma tension est basse/élevée.
[matɑ̃ˈsjɔ̃ɛˈbɑs/el(ə)ˈve]

Ich bin Allergiker(in)/Diabetiker(in)/Epileptiker(in).
› Je suis allergique/diabétique/épileptique.
[ʒ(ə)sɥi(z)alɛʀˈʒik/djabeˈtik/epilɛpˈtik]

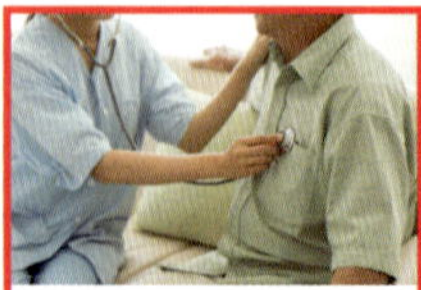

abhören
› écouter
[ekute]

tief einatmen
› inspirer à fond
[ɛ̃spiʀeafɔ̃]

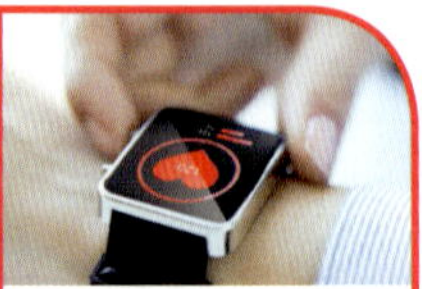

der Puls
› le pouls
[pu]

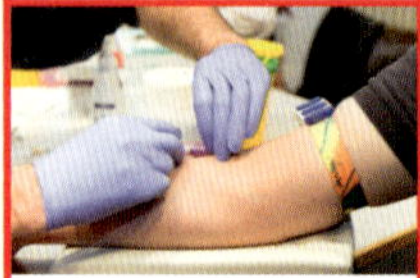

Blut abnehmen
› faire une prise de sang
[fɛʀynpʀizdəsɑ̃]

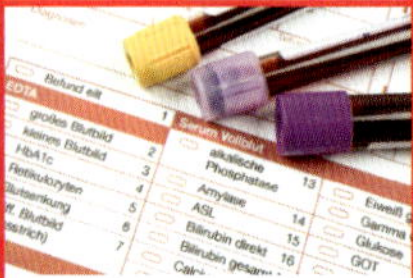

das Blutbild
› la formule sanguine
[fɔʀmylsɑ̃gin]

die Urinprobe
› l'échantillon d'urine *m*
[eʃɑ̃tijɔ̃dyʀin]

verschreiben
› prescrire
[pʀɛskʀiʀ]

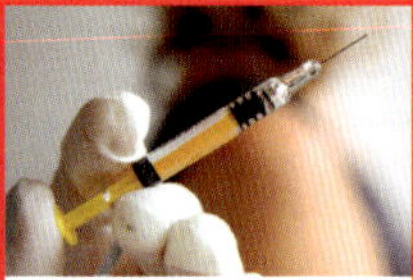

die Spritze
› la piqûre
[pikyʀ]

die Diagnose
› le diagnostic
[djagnɔstik]

impfen
› vacciner
[vaksine]

nähen
› coudre
[kudʀ]

röntgen
› radiographier
[ʀadjɔgʀafie]

die Überweisung
› le transfert
[tʀɑ̃sfɛʀ]

sich freimachen
› se déshabiller
[sədezabije]

die Behandlung
› le traitement
[tʀɛtmɑ̃]

der Stuhlgang
› les selles *pl*
[sɛl]

der (die) Zahnarzt (-ärztin)
› le, la dentiste
[dɑ̃tist]

die Krankenkasse
› la caisse d'assurance-maladie
[kɛsdasyʀɑ̃smaladi]

der (die) Frauenarzt (-ärztin)
› le, la gynécologue
[ʒinekɔlɔg]

der (die) Hautarzt (-ärztin)
› le, la dermatologue
[dɛʀmatɔlɔg]

der (die) Kinderarzt (-ärztin)
› le, la pédiatre
[pedjatʀ]

der (die) Hausarzt (-ärztin)
› le médecin de famille
[medsɛ̃d(ə)famij]

der (die) Hals-Nasen-Ohrenarzt (-ärztin)
› l'oto-rhino-laryngologiste *m,f*
[ɔtɔʀinolaʀɛ̃gɔlɔʒist]

Symptome und Krankheiten

SYMPTÔMES ET MALADIES

gesund
› sain(e)
[sɛ̃, sɛn]

krank
› malade
[malad]

husten
› tousser
[tuse]

der Schnupfen
› le rhume
[ʀym]

das Fieber
› la fièvre
[fjɛvʀ]

die Erkältung
› le refroidissement
[ʀ(ə)fʀwadismɑ̃]

der Durchfall
› la diarrhée
[djaʀe]

die Atemnot
› la crise d'étouffements
[kʀizdetufmɑ̃]

die Allergie
› l'allergie *f*
[alɛʀʒi]

entzündet
› enflammé(e)
[ɑ̃flɑme]

die Salmonellen *Pl*
› les salmonelles *pl*
[salmɔnɛl]

das Virus
› le virus
[viʀys]

die Bakterien *Pl*
› les bactéries *pl*
[bakteʀi]

der Infekt
› l'infection *f*
[ɛ̃fɛksjɔ̃]

der Diabetes
› le diabète
[djabɛt]

die Blinddarmentzündung
› l'appendicite *f*
[apɛ̃disit]

die Kreislaufbeschwerden *Pl*
› les troubles circulatoires *pl*
[tʀublsiʀkylatwaʀ]

der hohe/niedrige Blutdruck
› l'hypertension/hypotension *f*
[ipɛʀtɑ̃sjɔ̃/ipotɑ̃sjɔ̃]

die Schmerzen *Pl*
› les douleurs *pl*
[dulœʀ]

die Zahnschmerzen *Pl*
› le mal de dent
[maldədɑ̃]

die Kopfschmerzen *Pl*
› les maux de tête *pl*
[modətɛt]

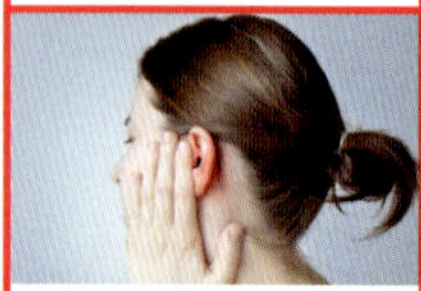

die Ohrenschmerzen *Pl*
› le mal aux oreilles
[malozɔʀɛj]

das Nasenbluten
› le saignement de nez
[sɛɲmɑ̃d(ə)ne]

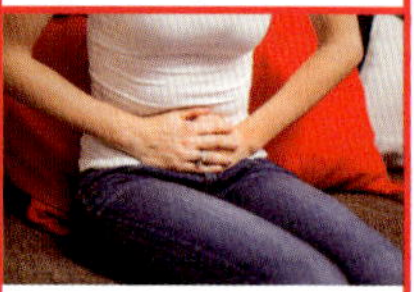

die Bauchschmerzen *Pl*
› le mal au ventre
[malovɑ̃tʀ]

die Übelkeit
› la nausée
[noze]

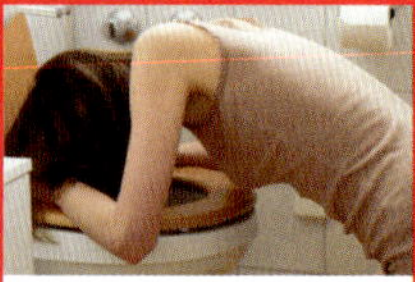

sich übergeben
› vomir
[vɔmiʀ]

schwindelig
› qui a le vertige
[kialvɛʀtiʒ]

in Ohnmacht fallen
› s'évanouir
[sevanwiʀ]

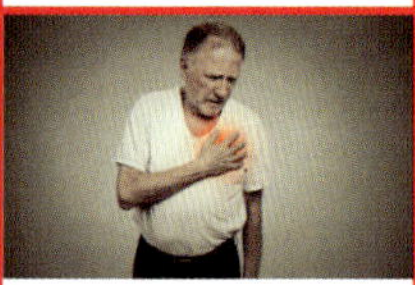

der Herzinfarkt
› l'infarctus *m*
[ɛ̃faʀktys]

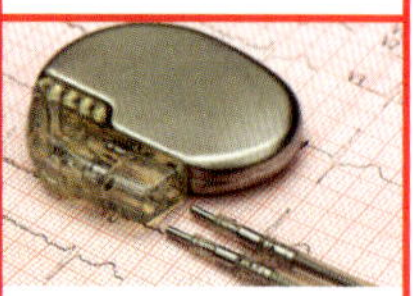

der Herzschrittmacher
› le pacemaker
[pɛsmɛkœʀ]

 **der Heuschnupfen** › le rhume des foins [ʀymdefwɛ̃]	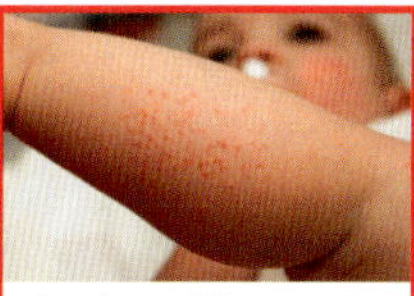 **der Ausschlag** › l'éruption cutanée *f* [eʀypsjɔ̃kytane]	 **der Krampf** › la crampe [kʀɑ̃p]
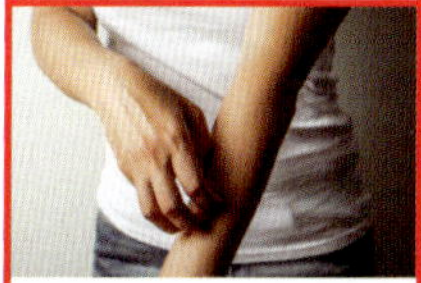 **jucken** › démanger [demɑ̃ʒe]	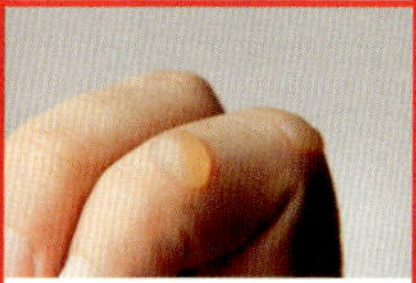 **die Blase** › l'ampoule *f* [ɑ̃pul]	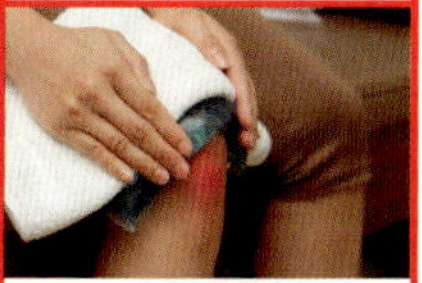 **die Entzündung** › l'inflammation *f* [ɛ̃flamasjɔ̃]
 **der Sonnenstich** › l'insolation *f* [ɛ̃sɔlasjɔ̃]	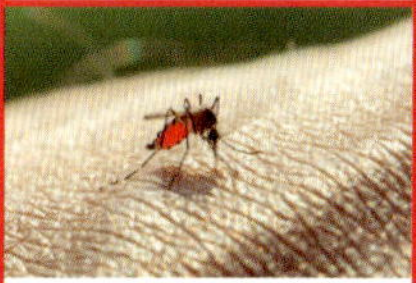 **der Stich** › la piqûre [pikyʀ]	 **der Biss** › la morsure [mɔʀsyʀ]
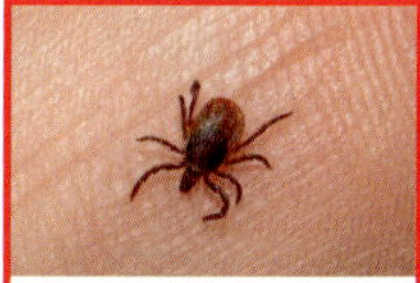 **die Zecke** › la tique [tik]	 **die Vergiftung** › l'empoisonnement *m* [ɑ̃pwazɔnmɑ̃]	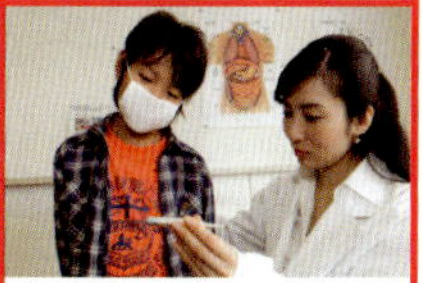 **ansteckend** › contagieux (-euse) [kɔ̃taʒjø(z)]

Behinderungen
HANDICAPS

sehbehindert
› malvoyant(e)
[malvwajɑ̃(t)]

blind
› aveugle
[avœgl]

der Blindenhund
› le chien d'aveugle
[ʃjɛ̃davœgl]

das Hörgerät
› l'appareil auditif *m*
[apaʀɛjoditif]

die Gebärdensprache
› le langage gestuel
[lɑ̃gaʒʒɛstɥɛl]

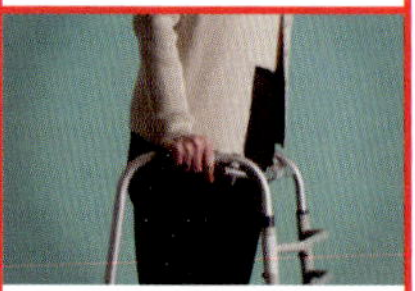

gehbehindert
› à mobilité réduite
[amɔbiliteʀedɥit]

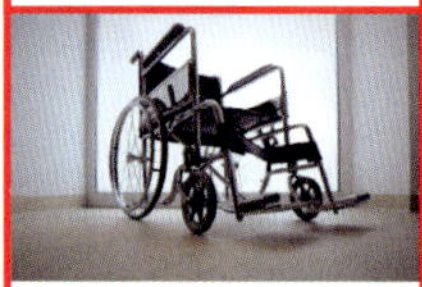

der Rollstuhl
› le fauteuil roulant
[fotœjʀulɑ̃]

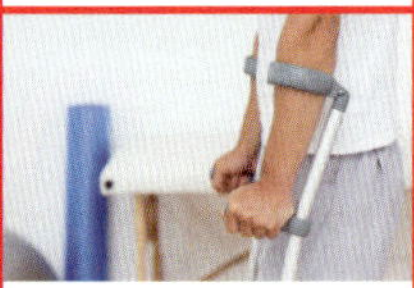

die Krücke
› la béquille
[bekij]

der Rollator
› le déambulateur
[deɑ̃bylatœʀ]

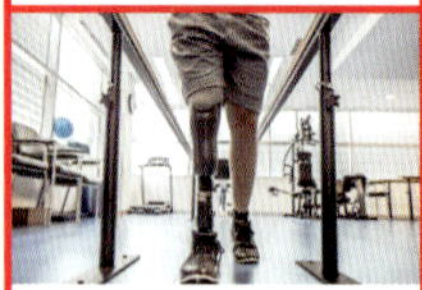

die Prothese
› la prothèse
[pʀɔtɛz]

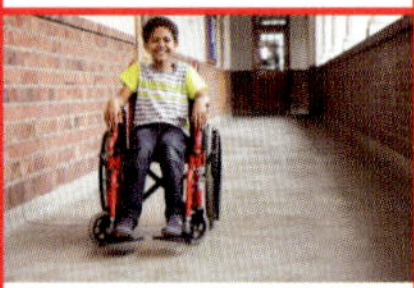

der Rollstuhlfahrer
› la personne en fauteuil roulant
[pɛʀsɔnɑ̃fotœjʀulɑ̃]

barrierefrei
› avec accès pour handicapés
[avɛkak'sɛpuʀ'ɑ̃dika'pe]

Verletzungen
BLESSURES

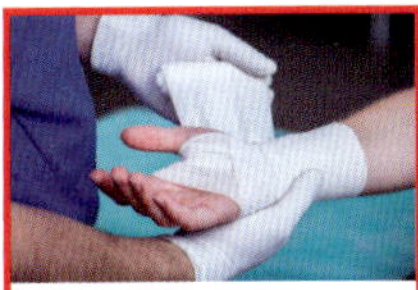

verletzt
› blessé(e)
[blese]

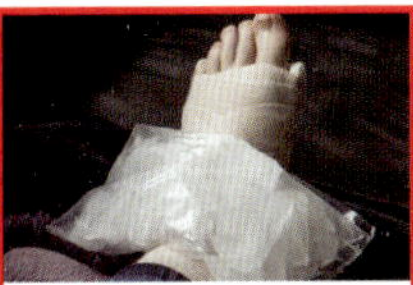

geschwollen
› enflé(e)
[ɑ̃fle]

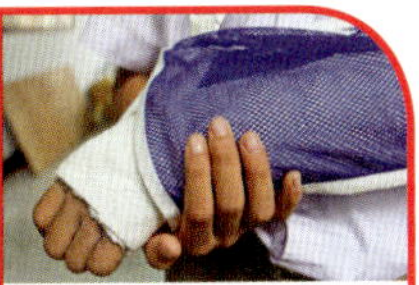

gebrochen
› cassé(e)
[kɑse]

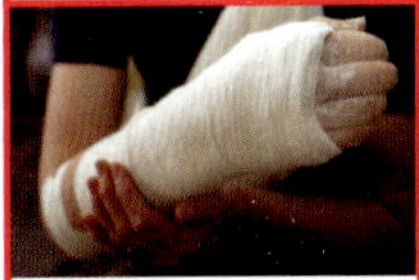

der Gips
› le plâtre
[plɑtʀ]

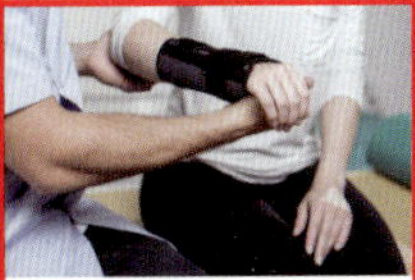

die Schiene
› l'attelle *f*
[atɛl]

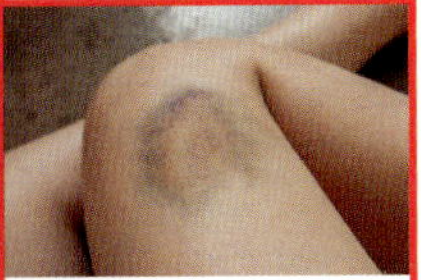

der Bluterguss
› l'hématome *m*
[ematom]

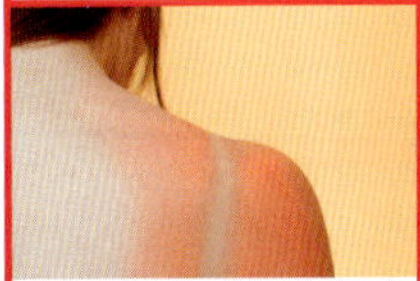

der Sonnenbrand
› le coup de soleil
[kud(ə)sɔlɛj]

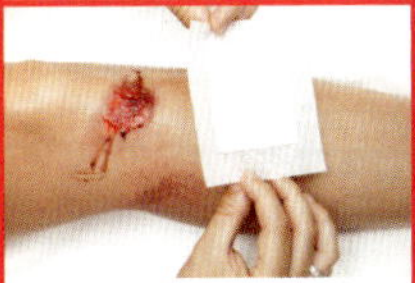

die Wunde
› la plaie
[plɛ]

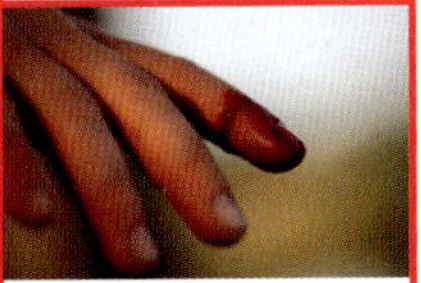

bluten
› saigner
[seɲe]

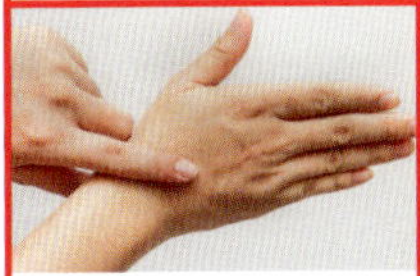

die Narbe
› la cicatrice
[sikatʀis]

gesund
› sain(e)
[sɛ̃, sɛn]

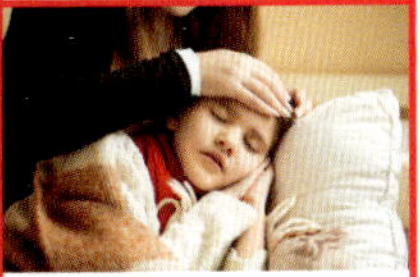

krank
› malade
[malad]

Wenn Sie bei der Behandlung Ihre Beschwerden beschreiben wollen, können Ihnen folgende Formulierungen und Ausdrücke weiterhelfen:

Ich habe einen Ausschlag/eine Schwellung/Flecken.
› J'ai une éruption/une enflure/des taches.
[ʒɛyneʀypˈsjɔ̃/ynɑ̃ˈflyʀ/deˈtaʃ]

Ich habe eine Muskelzerrung/meinen Knöchel verstaucht.
› Je me suis froissé un muscle/foulé la cheville.
[ʒəm(ə)ˈsɥifʀwaˈseœ̃myskl/fulelaʃ(ə)ˈvij]

Ich habe mich geschnitten/verbrannt/verbrüht.
› Je me suis coupé(e)/brûlé(e)/ébouillanté(e).
[ʒəm(ə)ˈsɥikuˈpe/bʀyˈle/ebujɑ̃ˈte]

Ich bin gestochen/gebissen worden.
› J'ai été piqué(e)/mordu(e).
[ʒɛetepiˈke/mɔʀˈdy]

behindert
› handicapé(e)
[ˈɑ̃dikape]

der Behinderte
› l'handicapé(e) *m(f)*
[ˈɑ̃dikape]

gehörlos
› sourd(e)
[suʀ(d)]

hörgeschädigt
› malentendant(e)
[malɑ̃tɑ̃dɑ̃(t)]

stumm
› muet(te)
[mɥɛ(t)]

verstaucht
› foulé(e)
[fule]

gezerrt
› froissé(e)
[fʀwase]

eitern
› suppurer
[sypyʀe]

die Narbe
› la cicatrice
[sikatʀis]

der Knochenbruch
› la fracture
[fʀaktyʀ]

die Prellung
› la contusion
[kɔ̃tyzjɔ̃]

der Bänderriss
› la déchirure d'un ligament
[deʃiʀyʀdœ̃ligamɑ̃]

die Verstauchung
› l'entorse *f*
[ɑ̃tɔʀs]

die Verbrennung
› la brûlure
[bʀylyʀ]

die Gehirnerschütterung
› la commotion cérébrale
[komosjɔ̃seʀebʀal]

Im Krankenhaus

À L'HÔPITAL

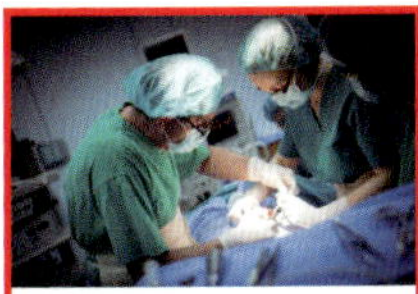

der (die) Chirurg(in)
› le, la chirurgien(ne)
[ʃiʀyʀʒjɛ̃, ɛn]

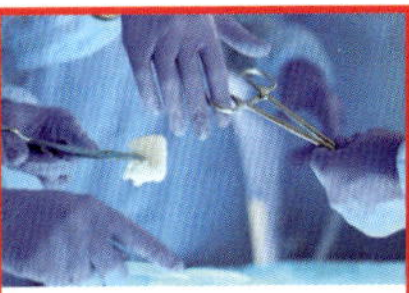

die Operation
› l'opération *f*
[ɔpeʀasjɔ̃]

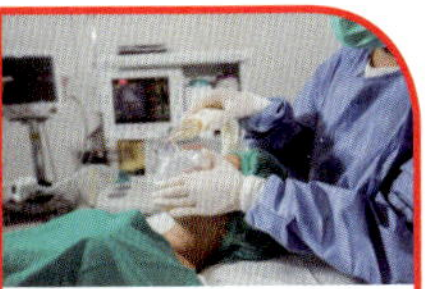

die Narkose
› l'anesthésie *f*
[anɛstezi]

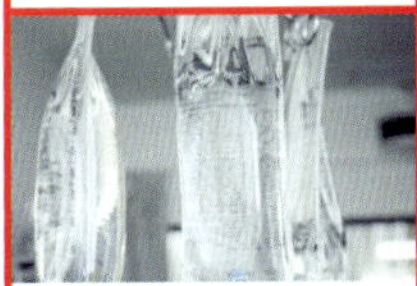

die Infusion
› la perfusion
[pɛʀfyzjɔ̃]

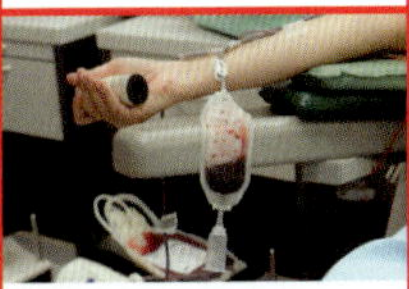

Blut spenden
› donner son sang
[dɔnesɔ̃sɑ̃]

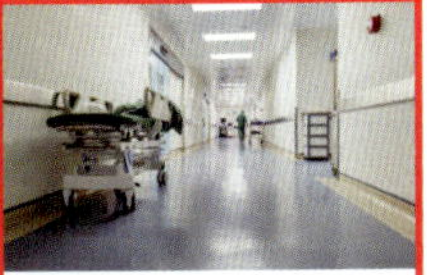

die Station
› le service
[sɛʀvis]

besuchen
› visiter
[vizite]

die Krankenschwester
› l'infirmière *f*
[ɛ̃fiʀmjɛʀ]

der Pfleger
› l'infirmier *m*
[ɛ̃fiʀmje]

ambulant
› non-hospitalisé(e)
[nɔnɔspitalize]

stationär
› hospitalisé(e)
[ɔspitalize]

entlassen werden
› être autorisé à sortir
[ɛtʀotoʀiˈzeasɔʀˈtiʀ]

der Operationssaal
› la salle d'opération
[saldɔpeʀasjɔ̃]

die Besuchszeiten *Pl*
› les heures de visite *pl*
[œʀdəvizit]

die Notaufnahme
› le service des urgences
[sɛʀvisdezyʀʒɑ̃s]

die Intensivstation
› le service des soins intensifs
[sɛʀvisdeˈswɛ̃(z)ɛ̃tɑ̃ˈsif]

operieren
› opérer
[ɔpeʀe]

Erste Hilfe

PREMIERS SOINS

die Notrufnummer
› le numéro d'appel d'urgence
[nymeˈRodapɛldyRˈʒɑ̃s]

der (die) Notarzt (-ärztin)
› le médecin urgentiste
[medsɛ̃yRʒɑ̃tist]

überleben
› survivre
[syRvivR]

wiederbeleben
› ranimer
[Ranime]

der Krankenwagen
› l'ambulance *f*
[ɑ̃bylɑ̃s]

der Notruf
› l'appel d'urgence *m*
[apɛldyRʒɑ̃s]

die Trage
› la civière
[sivjɛR]

der Unfall
› l'accident *m*
[aksidɑ̃]

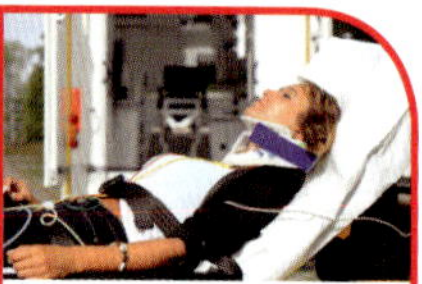

die Verletzte
› la blessée
[blese]

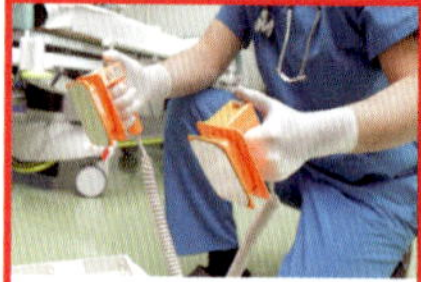

der Defibrillator
› le défibrillateur
[defibRilatœR]

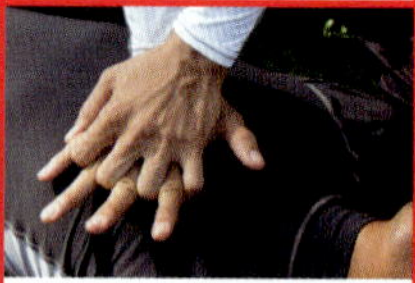

die Herzdrukmassage
› le massage cardiaque
[masaʒkaRdjak]

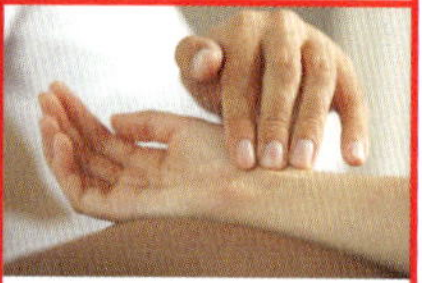

der Puls
› le pouls
[pu]

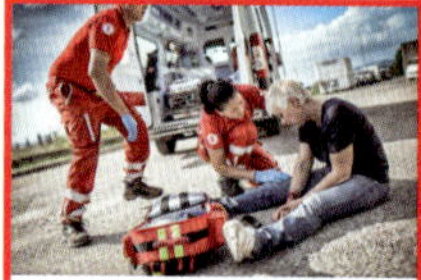

die Rettungssanitäterin
› la secouriste
[s(ə)kuRist]

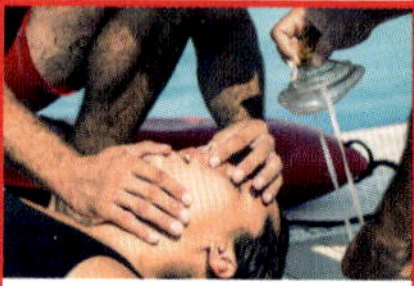

die Mund-zu-Mund-Beatmung
› le bouche-à-bouche
[buʃabuʃ]

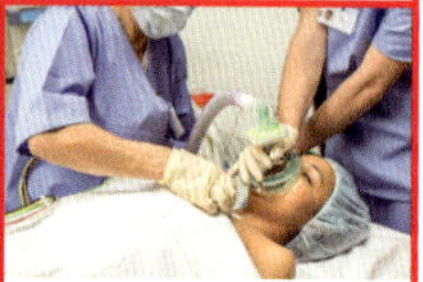

beatmen
› pratiquer la respiration artificielle
[pRatiˈkelaRɛspiRaˈsjɔ̃aRtifiˈsjɛl]

Polizei & Feuerwehr

POLICE ET POMPIERS

Sollten Sie einmal in die unangenehme Situation kommen, einen Diebstahl oder Überfall bei der Polizei melden zu müssen, können Sie dies folgendermaßen tun:

Ich bin beraubt/überfallen worden.
› J'ai été volé(e)/agressé(e).
[ʒɛetevɔˈle/agʀeˈse]

Ich möchte einen Diebstahl/einen Überfall melden.
› Je voudrais déclarer un vol/une agression.
[ʒ(ə)vuˈdʀɛdeklaʀeœ̃ˈvɔl/ynagʀeˈsjɔ̃]

Mir ist die Handtasche/die Brieftasche/mein Fotoapparat gestohlen worden.
› On m'a volé mon sac/mon portefeuille/mon appareil photo.
[ɔ̃mavɔlemɔ̃ˈsak/mɔ̃pɔʀtəˈfœj/mɔ̃napaʀɛjfoˈto]

Mein Auto ist aufgebrochen worden.
› Ma voiture a été fracturée.
[mavwaˈtyʀaetefʀaktyˈʀe]

Aus meinem Auto ist ... gestohlen worden.
› On a volé ... dans ma voiture.
[ɔ̃navɔle ... dɑ̃mavwatyʀ]

Wann/Wo ist das genau passiert?
› Quand/Où cela s'est-il passé, exactement?
[kɑ̃/us(ə)lasɛtilpaˈseɛgzaktəˈmɑ̃]

Können Sie den Täter/die Täterin beschreiben?
› Pouvez-vous décrire le/la coupable?
[puveˈvudekʀiʀlə/lakuˈpabl]

die Gefahr
› le danger
[dɑ̃ʒe]

helfen
› aider
[ede]

die Polizei
› la police
[pɔlis]

das Polizeiauto
› la voiture de police
[vwatyʀdəpɔlis]

das Verbrechen
› le crime
[kʀim]

das Martinshorn
› l'avertisseur à deux tons *m*
[avɛʀtisœʀadøtɔ̃]

der (die) Verbrecher(in)
› le, la criminel(le)
[kʀiminɛl]

der Einbruch
› le cambriolage
[kɑ̃bʀijɔlaʒ]

einbrechen
› cambrioler
[kɑ̃bʀijɔle]

die Waffe
› l'arme *f*
[aʀm]

der Überfall
› l'agression *f*
[agʀesjɔ̃]

der Mord
› le meurtre
[mœʀtʀ]

die Entführung
› l'enlèvement *m*
[ɑ̃lɛvmɑ̃]

die Vergewaltigung
› le viol
[vjɔl]

die Fahndung
› les recherches *pl*
[ʀ(ə)ʃɛʀʃ]

die Feuerwehr
› les pompiers *pl*
[pɔ̃pje]

der Terrorismus
› le terrorisme
[teʀɔʀism]

die Flamme
› la flamme
[flam]

der Diebstahl
› le vol
[vɔl]

ertrinken
› se noyer
[sənwaje]

der (die) Dieb(in)
› le, la voleur (-euse)
[vɔlœʀ, vɔløz]

die Bombe
› la bombe
[bɔ̃b]

verschüttet
› enseveli(e)
[ɑ̃səvli]

die Explosion
› l'explosion *f*
[ɛksplozjɔ̃]

abschleppen
› remorquer
[ʀ(ə)mɔʀke]

die Panne
› la panne
[pan]

der Pannendienst
› le service de dépannage
[sɛʀvisdədepanaʒ]

der Motorschaden
› la panne de moteur
[pandəmɔtœʀ]

das Ersatzrad
› la roue de secours
[ʀudəs(ə)kuʀ]

die Starthilfe
› l'aide au démarrage *f*
[ɛdodemaʀaʒ]

das Warndreieck
› le triangle de signalisation
[tʀiˈjɑ̃gldəsiɲalizaˈtjɔ̃]

die Rauchvergiftung
› l'intoxication par la fumée *f*
[ɛ̃tɔksikaˈsjɔ̃paʀlafyˈme]

retten
› sauver
[sove]

der Polizist
› le policier
[pɔlisje]

der Raub
› le vol (à main armée)
[vɔl(amɛ̃aʀme)]

die Zeugin
› le témoin
[temwɛ̃]

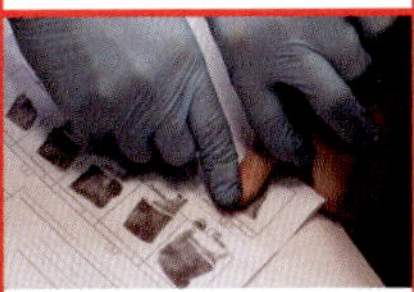

die Verdächtige
› la suspecte
[syspɛkt]

der Täter
› le coupable
[kupabl]

festnehmen
› arrêter
[aʀete]

das Gefängnis
› la prison
[pʀizɔ̃]

fliehen
› s'enfuir
[sɑ̃fɥiʀ]

der/die Vermisste
› le, la disparu(e)
[dispaʀy]

der Feuerwehrmann
› le pompier
[pɔ̃pje]

das Feuerwehrauto
› le camion de pompiers
[kamjɔ̃dəpɔ̃pje]

das Feuer
› le feu
[fø]

brennen
› brûler
[bʀyle]

der Brand
› l'incendie *m*
[ɛ̃sɑ̃di]

der Rauch
› la fumée
[fyme]

der Notausgang
› la sortie de secours
[sɔʀtidəs(ə)kuʀ]

der Rauchmelder
› le détecteur de fumée
[detɛktœʀd(ə)fyme]

kentern
› chavirer
[ʃaviʀe]

die Sirene
› la sirène
[siʀɛn]

die Lawine
› l'avalanche *f*
[avalɑ̃ʃ]

die Rettungsschwimmer *Pl*
› les sauveteurs
[sov(ə)tœʀ]

die Bergwacht
› le secours en montagne
[s(ə)kuʀɑ̃mɔ̃taɲ]

die Küstenwache
› le service de surveillance côtière
[sɛʀˈvisdəsyʀvɛˈjɑ̃skoˈtjɛʀ]

Apotheke
PHARMACIE

der Apotheker
› le pharmacien
[farmasjɛ̃]

das Medikament
› le médicament
[medikamɑ̃]

das Rezept
› l'ordonnance *f*
[ɔrdɔnɑ̃s]

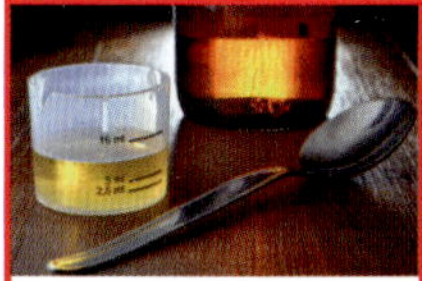

die Dosierung
› le dosage
[dozaʒ]

das Beruhigungsmittel
› le calmant
[kalmɑ̃]

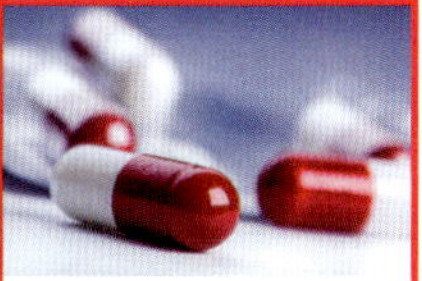

die Tablette
› le comprimé
[kɔ̃prime]

die Tropfen *Pl*
› les gouttes *pl*
[gut]

das Zäpfchen
› le suppositoire
[sypozitwar]

die Salbe
› la pommade
[pɔmad]

der/das Spray
› le spray
[sprɛ]

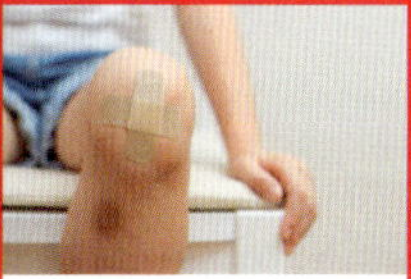

das Pflaster
› le sparadrap
[sparadra]

der Beipackzettel
› la notice
[nɔtis]

die Nebenwirkung
› l'effet secondaire *m*
[efɛs(ə)gɔ̃dɛʀ]

der Verband
› le pansement
[pɑ̃smɑ̃]

die Globuli *Pl*
› les granules *pl*
[gʀanyl]

die Pille danach
› la pilule du lendemain
[pilyldylɑ̃dmɛ̃]

das Antibiotikum
› l'antibiotique *m*
[ɑ̃tibjɔtik]

die Antibabypille
› la pilule anticontraceptive
[pilylkɔ̃tʀasɛptiv]

das Schmerzmittel
› l'analgésique *m*
[analʒezik]

die Schlaftablette
› le somnifère
[sɔmnifɛʀ]

rezeptpflichtig
› délivré(e) uniquement sur ordonnance
[deli'vʀeynik'mɑ̃syʀɔʀdɔ'nɑ̃s]

Folgende Formulierungen können Ihnen in der Apotheke von Nutzen sein:

Ich brauche Pflaster/Verbandszeug/Desinfektionsmittel.
› Il me faut des sparadraps/bandages/désinfectants.
[ilmə'fodespaʀa'dʀa/bɑ̃'daʒ/dezɛ̃fɛk'tɑ̃]

Haben Sie etwas gegen Schlaflosigkeit?
› Avez-vous quelque chose contre l'insomnie?
[ave'vukɛlkʃozkɔ̃tʀlɛ̃sɔm'ni]

Ich habe eine Erkältung/Husten/Halsschmerzen/Bronchitis/Grippe.
› J'ai un refroidissement/de la toux/mal à la gorge/une bronchite/une grippe.
[ʒɛœ̃ʀ(ə)fʀwadis'mɑ̃/d(ə)la'tu/malala'gɔʀʒ/ynbʀɔ̃'ʃit/yn'gʀip]

Ich brauche ein Mittel gegen Heuschnupfen/Migräne/Ohrenschmerzen.
› Il me faut un médicament contre le rhume des foins/la migraine/les maux d'oreilles.
[ilmə'foœ̃medika'mɑ̃kɔ̃tʀləʀymde'fwɛ̃/lami'gʀɛn/lemodɔ'ʀɛj]

Dieses Mittel ist verschreibungspflichtig.
› Ce médicament n'est délivré que sur ordonnance.
[səmedika'mɑ̃nɛdeli'vʀekəsyʀɔʀdɔ'nɑ̃s]

Nehmen Sie diese Tabletten bitte vor den Mahlzeiten.
› Ces comprimés sont à prendre avant les repas.
[sekɔ̃pʀi'mesɔ̃tapʀɑ̃dʀavɑ̃leʀ(ə)'pɑ]

Reiben Sie die Salbe zweimal täglich ein.
› Frictionnez-vous avec cette pommade deux fois par jour.
[fʀiksjone'vuavɛksɛtpɔ'maddøfwapaʀ'ʒuʀ]

Zahlen, Zeit, Geld, Maße und Gewichte

Mehr als nur eine Nummer: Es ist an der Zeit, sich mit Begriffen rund um Zahlen, Gewichte und Zeiteinheiten auseinanderzusetzen.

Die Zahlen

LES NOMBRES

Legen Sie Wert auf Zahlen. Kommen Sie mit Maß ans Ziel: ob Tag oder Nacht, Sommer oder Winter, in Stunden oder Sekunden. Verschaffen Sie sich einen Überblick über die verschiedenen Einheiten.

eins
› un
[œ̃]

zwei
› deux
[dø]

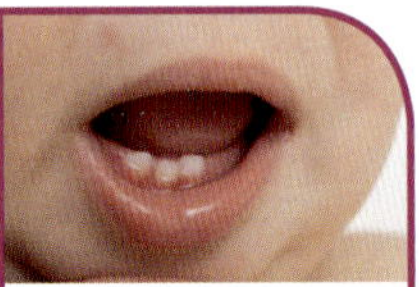

drei
› trois
[tʀwɑ]

vier
› quatre
[katʀ(ə)]

fünf
› cinq
[sɛ̃k]

sechs
› six
[sis]

sieben
› sept
[sɛt]

acht
› huit
[ˊɥit]

neun
› neuf
[nœf]

zehn
› dix
[dis]

elf
› onze
[ɔ̃z]

zwölf
› douze
[duz]

dreizehn
› treize
[tʀɛz]

vierzehn
› quatorze
[katɔʀz]

fünfzehn
› quinze
[kɛ̃z]

sechzehn
› seize
[sɛz]

siebzehn
› dix-sept
[dissɛt]

achtzehn
› dix-huit
[dizɥit]

neunzehn
› dix-neuf
[diznœf]

einundzwanzig
› vingt et un
[vɛ̃teœ̃]

zweiundzwanzig
› vingt-deux
[vɛ̃tdø]

dreiundzwanzig
› vingt-trois
[vɛ̃ttʀwa]

hundert(und)eins
› cent un
[sɑ̃œ̃]

zweihundert
› deux cents
[døsɑ̃]

zweihundert(und)zwanzig
› deux cent vingt
[døsɑ̃vɛ̃]

dreihundert
› trois cents
[tʀwasɑ̃]

(ein)tausend
› mille
[mil]

(ein)tausend(und)eins
› mille un
[milœ̃]

zweitausend
› deux mille
[dømil]

zehntausend
› dix mille
[dimil]

fünfundsiebzigtausend
› soixante-quinze mille
[swasɑ̃tkɛ̃zmil]

hunderttausend
› cent mille
[sɑ̃mil]

null
› zéro
[zeʀo]

zwanzig
› vingt
[vɛ̃]

dreißig
› trente
[tʀɑ̃t]

vierzig
› quarante
[kaʀɑ̃t]

fünfzig
› cinquante
[sɛ̃kɑ̃t]

sechzig
› soixante
[swasɑ̃t]

siebzig
› soixante-dix
[swasɑ̃tdis]

achtzig
› quatre-vingts
[katʀəvɛ̃]

neunzig
› quatre-vingt-dix
[katʀəvɛ̃dis]

hundert
› cent
[sɑ̃]

eine Million
› un million
[œ̃miljɔ̃]

eine Milliarde
› un milliard
[œ̃miljaʀ]

eine Billion
› un billion
[œ̃biljɔ̃]

Die Bruchzahlen
LES FRACTIONS

die Hälfte
› un(e) demi(e)
[œ̃, ynd(ə)mi]

eineinhalb
› un et demi
[œ̃ed(ə)mi]

ein Drittel
› un tiers
[œ̃tjɛʀ]

ein Paar
› une paire
[ynpɛʀ]

ein paar
› quelques
[kɛlk]

viel
› beaucoup (de)
[boku(də)]

einige
› quelques-uns (-unes)
[kɛlkzœ̃, yn]

beide
› les deux
[ledø]

alle
› tous (toutes)
[tu(t)]

ein Viertel
› un quart
[œ̃kaʀ]

mehrfach/vielfach
› multiple
[myltipl]

einfach
› simple
[sɛ̃pl]

wenig
› peu (de)
[pø(də)]

zweifach/doppelt
› double
[dubl]

manche
› maints (maintes)
[mɛ̃(t)]

Maße und Gewichte

POIDS ET MESURES

der Stone
› la stone
[ston]

die Tonne
› la tonne
[tɔn]

der Grad
› le degré
[dəgʀe]

der/das Millimeter
› le millimètre
[milimɛtʀ]

der/das Zentimeter
› le centimètre
[sɑ̃timɛtʀ]

der/das Meter
› le mètre
[mɛtʀ]

der Kilometer
› le kilomètre
[kilɔmɛtʀ]

der/das Quadratmeter
› le mètre carré
[mɛtʀkaʀe]

das Gramm
› le gramme
[gʀam]

das Pfund
› la livre
[livʀ]

das Kilogramm
› le kilogramme
[kilɔgʀam]

Celsius
› Celsius
[sɛlsjys]

1 **der/das Liter**
› le litre
[litʀ]

2 **das Pint**
› la pinte
[pɛ̃t]

LISA
Nina, wir hatten doch verabredet, dass ich uns Karnevalskostüme nähe.
› Nina, nous avions bien convenu que je nous ferais des costumes de carnaval.

NINA
Ja, und?
› Oui, et alors?

LISA
Dafür brauche ich ein paar Angaben von dir. Wie groß bist du?
› Pour cela, j'ai besoin de quelques renseignements sur toi. Combien mesures-tu?

NINA
Ich bin 1,70 m groß.
› Je fais 1,70 m.

LISA
Welche Kleidergröße hast du?
› Quelle est ta taille?

NINA
Ich habe Größe 38.
› Je fais du 38.

LISA
Ich muss auch noch deine Schuhgröße wissen.
› Il faut aussi que je sache ta pointure.

NINA
Ich habe Schuhgröße 39. Sag nur, dass du noch mein Gewicht brauchst!
› Je fais du 39. Tu n'as plus qu'à dire qu'il te faut mon poids!

LISA
Du hast mir doch letztens gesagt, dass du 60 kg wiegst.
› Mais tu m'as dis dernièrement que tu pesais 60 kg.

Uhrzeit
L'HEURE

ein Uhr
› une heure
[ynœʀ]

zwei Uhr
› deux heures
[døzœʀ]

drei Uhr
› trois heures
[tʀwɑzœʀ]

die halbe Stunde
› la demi-heure
[d(ə)miœʀ]

elf Uhr
› onze heures
[ɔ̃zœʀ]

zwölf Uhr
› douze heures
[duzœʀ]

dreizehn Uhr
› treize heures
[tʀɛzœʀ]

vierzehn Uhr
› quatorze heures
[katɔʀzœʀ]

fünfzehn Uhr
› quinze heures
[kɛ̃zœʀ]

Wenn Sie verreisen oder sich verabreden spielt die Uhrzeit eine wichtige Rolle:

um 9 Uhr morgens
› à 9 heures du matin
[anœvœʀdymatɛ̃]

um 1 Uhr mittags
› à une heure de l'après-midi
[aynœʀd(ə)lapʀɛmidi]

um 6 Uhr abends
› à 6 heures du soir
[asizœʀdyswaʀ]

halb zehn
› 9 heures et demie
[nœvœʀed(ə)mi]

Viertel vor 9
› 9 heures moins le quart
[nœvœʀmwɛ̃l(ə)kaʀ]

Viertel nach 10
› 10 heures et quart
[dizœʀekaʀ]

zehn vor vier
› 4 heures moins dix
[katʀœʀmwɛ̃dis]

zwanzig nach sieben
› 7 heures vingt
[sɛtœʀvɛ̃]

1 **die Minute**
› la minute
[minyt]

2 **die Stunde**
› l'heure *f*
[œʀ]

3 **die Sekunde**
› la seconde
[s(ə)gɔ̃d]

Weitere Zeitbegriffe

AUTRES NOTIONS TEMPORELLES

das Datum
› la date
[dat]

gestern
› hier
[jɛʀ]

spät
› tard
[taʀ]

täglich
› quotidien(ne)
[kɔtidjɛ̃, ɛn]

morgen
› demain
[dəmɛ̃]

früh
› tôt
[to]

später
› plus tard
[plytaʀ]

jetzt
› maintenant
[mɛ̃t(ə)nɑ̃]

übermorgen
› après-demain
[apʀɛd(ə)mɛ̃]

früher
› plus tôt
[plyto]

stündlich
› toutes les heures
[tutlezœʀ]

vorgestern
› avant-hier
[avɑ̃tjɛʀ]

Hier ein paar wichtige Formulierungen, um über Termine zu sprechen:

jede Woche
› chaque semaine
[ʃaks(ə)mɛn]

nächste Woche
› la semaine prochaine
[las(ə)mɛnpʀɔʃɛn]

innerhalb einer Woche
› avant huit jours
[avɑ̃ˊɥiʒuʀ]

am Wochenende
› ce week-end
[s(ə)wikɛnd]

jeden Tag
› tous les jours
[tuleʒuʀ]

diese Woche
› cette semaine
[sɛts(ə)mɛn]

letzten Montag
› lundi dernier
[lœ̃didɛʀnje]

vor einer Stunde
› il y a une heure
[iljaynœʀ]

in einer/zwei Wochen
› dans une semaine/dans deux semaines
[dɑ̃zyn/døs(ə)mɛn]

Die Tageszeiten

LES MOMENTS DE LA JOURNÉE

der Morgen
› le matin
[matɛ̃]

der Vormittag
› le matin
[matɛ̃]

der Mittag
› (le) midi
[midi]

der Nachmittag
› l'après-midi *m/f*
[apʀɛmidi]

der Abend
› le soir
[swaʀ]

die Nacht
› la nuit
[nɥi]

die Mitternacht
› (la) minuit
[minɥi]

der Sonnenaufgang
› le lever du soleil
[l(ə)vedysɔlɛj]

der Sonnenuntergang
› le coucher du soleil
[kuʃedysɔlɛj]

morgens
› le matin
[ləmatɛ̃]

vormittags
› le matin
[ləmatɛ̃]

mittags
› à midi
[amidi]

nachmittags
› l'après-midi
[lapʀɛmidi]

abends
› le soir
[ləswaʀ]

nachts
› la nuit
[lənɥi]

Diese Formulierungen können Sie einsetzen, wenn Sie über den Tagesablauf sprechen:

heute Morgen/Mittag/Abend
› ce matin/à midi/ce soir
[s(ə)matɛ̃/amidi/səswaʀ]

am Morgen/Mittag/Abend
› le matin/à midi/le soir
[ləmatɛ̃/amidi/ləswaʀ]

Um 17 Uhr.
› À 17 heures.
[adissɛtœʀ]

Gegen 4 Uhr.
› Vers 4 heures.
[vɛʀkatʀœʀ]

In einer Stunde./In zwei Stunden.
› Dans une heure./Dans deux heures.
[dɑ̃zynœʀ/dɑ̃døzœʀ]

Nicht vor 9 Uhr morgens.
› Pas avant 9 heures du matin.
[pɑ(z)avɑ̃nœvœʀdymatɛ̃]

Nach 8 Uhr abends.
› Après 8 heures du soir.
[apʀɛˈɥitœʀdyswaʀ]

Zwischen 3 und 4.
› Entre 3 et 4 heures.
[ɑ̃tʀ(ə)tʀwɑekatʀœʀ]

Von 10 bis 11 Uhr.
› De 10 à 11.
[dədisaɔ̃z]

Bis 5 Uhr.
› Jusqu'à 5 heures.
[ʒyskasɛ̃kœʀ]

Die Woche

LA SEMAINE

1 der Tag
› le jour
[ʒuʀ]

2 der Feiertag
› le jour férié
[ʒuʀfeʀje]

3 der Montag
› le lundi
[lœ̃di]

4 der Dienstag
› le mardi
[maʀdi]

5 der Mittwoch
› le mercredi
[mɛʀkʀədi]

6 der Donnerstag
› le jeudi
[ʒødi]

7 der Freitag
› le vendredi
[vɑ̃dʀədi]

8 der Samstag
› le samedi
[samdi]

9 der Sonntag
› le dimanche
[dimɑ̃ʃ]

der Wochentag
› le jour de semaine
[ʒuʀdəs(ə)mɛn]

das Wochenende
› le week-end
[wikɛnd]

das Schaltjahr
› l'année bissextile *f*
[anebisɛkstil]

Das Jahr
L'ANNÉE

der Januar
› janvier
[ʒɑ̃vje]

der Februar
› février
[fevʀije]

der März
› mars
[maʀs]

der April
› avril
[avʀil]

der Mai
› mai
[mɛ]

der Juni
› juin
[ʒɥɛ̃]

der Juli
› juillet
[ʒɥijɛ]

der August
› août
[u(t)]

der September
› septembre
[sɛptɑ̃bʀ]

der Oktober
› octobre
[ɔktɔbʀ]

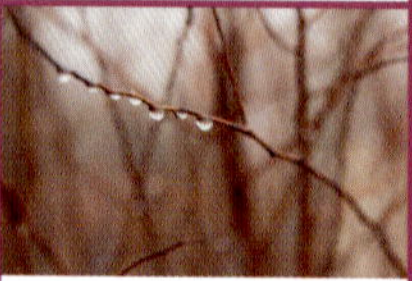

der November
› novembre
[nɔvɑ̃bʀ]

der Dezember
› décembre
[desɑ̃bʀ]

Die Jahreszeiten

LES SAISONS

der Frühling
› le printemps
[pʀɛ̃tɑ̃]

der Sommer
› l'été *m*
[ete]

der Herbst
› l'automne *m*
[otɔn]

der Winter
› l'hiver *m*
[ivɛʀ]

wolkig
› nuageux (-euse)
[nɥaʒø, øz]

neblig
› brumeux (-euse)
[bʀymø, øz]

windig
› venteux (-euse)
[vɑ̃tø, øz]

stürmisch
› de tempétueux (-euse)
[tɑ̃petɥø, øz]

sonnig
› ensoleillé(e)
[ɑ̃sɔleje]

Rund ums Geld
À PROPOS DE L'ARGENT

die Bank
› la banque
[bɑ̃k]

das Geld
› l'argent *m*
[aʀʒɑ̃]

das Bargeld
› l'argent liquide *m*
[aʀʒɑ̃likid]

die Münze
› la pièce
[pjɛs]

die Bankkarte
› la carte bancaire
[kaʀtbɑ̃kɛʀ]

die Unterschrift
› la signature
[siɲatyʀ]

das Konto
› le compte
[kɔ̃t]

die Kontonummer
› le numéro de compte
[nymeʀod(ə)kɔ̃t]

Geld einzahlen
› déposer de l'argent
[depozed(ə)laʀʒɑ̃]

die Geheimzahl
› le code confidentiel
[kɔdkɔ̃fidɑ̃sjɛl]

Geld auszahlen
› verser de l'argent
[vɛʀsed(ə)laʀʒɑ̃]

der Geldautomat
› le distributeur (automatique) de billets
[distʀibyˈtœʀ(otomaˈtik) dəbiˈjɛ]

1 der Geldschein
› le billet (de banque)
[bijɛ(dəbɑ̃k)]

2 das Kleingeld
› la monnaie
[mɔnɛ]

3 das Sparschwein
› la tirelire
[tiʀliʀ]

der Kontostand
› la situation de compte
[sityasjɔ̃d(ə)kɔ̃t]

das Onlinebanking
› la banque en ligne
[bɑ̃kɑ̃liɲ]

das Password
› le mot de passe
[mod(ə)pɑs]

Geld abheben
› retirer de l'argent
[ʀ(ə)tiʀed(ə)laʀʒɑ̃]

die Rechnung
› la facture
[faktyʀ]

die Auslandsgebühr
› les frais bancaires internationaux *pl*
[fʀɛbɑ̃kɛʀɛ̃tɛʀnasjɔno]

Geld abheben

HERR NEU
Können Sie uns bitte sagen, wo hier eine Bank ist?
› S'il vous plaît, pouvez-vous nous dire où il y a une banque par ici?

PASSANT
Ja, sehen Sie, dort hinten ist eine Bankfiliale.
› Oui, regardez, il y a une banque là-bas.

HERR NEU
Danke.
› Merci.

FRAU NEU (AM AUTOMATEN)
Hier ist die EC-Karte.
› Voilà la carte eurochèque.

FRAU NEU
Oh, der Geldautomat akzeptiert die Karte nicht. Lass uns zum Bankschalter gehen.
› Oh, le distributeur automatique n'accepte pas cette carte. Allons au guichet de la banque.

HERR NEU
Ich möchte bitte 100 Euro von meinem Konto abheben.
› Je voudrais retirer 100 euros de mon compte, s'il vous plaît.

BANKMITARBEITER
Ja gerne. Ihre EC-Karte, bitte.
› Oui, bien sûr. Votre carte eurochèque, s'il vous plaît.

Die Währung
LA DEVISE

der Wechselkurs
› le cours du change
[kuʀdyʃɑ̃ʒ]

umtauschen
› changer
[ʃɑ̃ʒe]

die Wechselstube
› le bureau de change
[byʀod(ə)ʃɑ̃ʒ]

der Euro
› l'euro *m*
[øʀo]

der Cent
› le centime
[sɑ̃tim]

das Pfund
› la livre
[livʀ]

der Schweizer Franken
› le franc suisse
[fʀɑ̃sɥis]

die Quittung
› le reçu
[ʀ(ə)sy]

Fragewörter
MOTS INTERROGATIFS

wer
› qui
[ki]

was
› quoi
[kwa]

wann
› quand
[kɑ̃]

warum
› pourquoi
[puʀkwa]

welche (r, s)
› quel(le)
[kɛl]

wie
› comment
[kɔmɑ̃]

wessen
› de qui
[d(ə)ki]

wem
› à qui
[aki]

wen
› qui
[ki]

wo
› où
[u]

Modal- und Hilfsverben
AUXILIAIRES ET AUXILIAIRES DE MODE

Modalverben sind *dürfen, können, mögen, müssen, sollen* und *wollen*. Mit diesen Verben können wir den Inhalt einer Aussage ändern: Es macht zum Beispiel einen großen Unterschied, ob wir etwas machen wollen oder müssen.

Darf man hier parken?
› Peut-on se garer ici?
[pøtɔ̃s(ə)gaʀeˈsi]

Wir dürfen den Zug nicht verpassen!
› Il ne faut pas manquer le train!
[ilnəfoˈpɑmɑ̃kel(ə)ˈtʀɛ̃]

Das Hotel dürfte ganz hier in der Nähe sein.
› L'hôtel devrait être tout près d'ici.
[lotɛldəvʀɛ(t)ˈɛtʀtupʀɛdiˈsi]

Ich kann leider kein Chinesisch.
› Je ne sais malheureusement pas parler chinois.
[ʒən(ə)ˈsɛmaløʀøzmɑ̃ˈpɑpaʀleʃiˈnwa]

Kann ich dir etwas zu trinken mitbringen?
› Est-ce que je peux t'apporter quelque chose à boire?
[ɛskəʒ(ə)ˈpøtapɔʀˈtekɛlkʃozaˈbwaʀ]

Könnte ich ein Glas Wasser haben? - Natürlich!
› Pourrais-je avoir un verre d'eau? - Bien sûr!
[puʀɛʒaˈvwaʀœ̃vɛʀˈdo - bjɛ̃syʀ]

Ich mag gerne Fisch.
› J'aime bien le poisson.
[ʒɛmbjɛ̃l(ə)pwaˈsɔ̃]

Ich möchte nicht mehr länger bleiben.
› Je ne voudrais pas rester plus longtemps.
[ʒən(ə)vudʀɛˈpɑʀɛsteplylɔ̃ˈtɑ̃]

Ich muss unbedingt zum Arzt.
› Il faut absolument que j'aille chez le médecin.
[ilfo(t)apsɔlyˈmɑ̃k(ə)ʒajʃel(ə)medˈsɛ̃]

Da müsst ihr unbedingt hinfahren!
› Il faut absolument que vous alliez là-bas!
[ilfo(t)apsɔlyˈmɑ̃k(ə)vuzaljelaˈba]

Soll ich Ihnen helfen?
› Est-ce que je peux vous aider?
[ɛskəʒ(ə)pøvuzeˈde]

Wir sollten den Flieger auf keinen Fall verpassen!
› En aucun cas il ne faut manquer l'avion!
[ɑ̃nokœ̃ˈkailnəfomɑ̃kelaˈvjɔ̃]

Jim will unbedingt nach Italien fahren.
› Jim veut absolument aller en Italie.
[(d)ʒimvøtapsɔlyˈmɑ̃aleɑ̃nitaˈli]

Wir wollen im Winter nach Österreich fahren.
› Nous voulons aller en Autriche cet hiver.
[nuvulɔ̃(z)aˈleɑ̃notʀiʃsɛtiˈvɛʀ]

Konjunktionen
CONJONCTIONS

und
› et
[e]

als
› comme
[kɔm]

ob
› si
[si]

dass
› que
[kə]

indem
› pendant
[pɑ̃dɑ̃]

seitdem
› depuis
[dəpɥi]

sowohl ... als auch
› aussi bien ... que
[osibjɛ̃ … kə]

bevor
› avant
[avɑ̃]

oder
› ou
[u]

während
› pendant
[pɑ̃dɑ̃]

da
› comme
[kɔm]

wenn
› si
[si]

nachdem
› après que
[apʀɛkə]

sondern
› mais
[mɛ]

entweder ... oder
› soit ... soit
[swa … swa]

aber
› mais
[mɛ]

obwohl
› bien que
[bjɛ̃kə]

weil
› parce que
[paʀskə]

falls
› au cas où
[okau]

bevor
› avant que
[avɑ̃kə]

statt
› au lieu de
[oljødə]

je ... desto
› plus ... plus
[ply(s) …
ply(s)]

Präpositionen

PRÉPOSITIONS

auf
› sur
[syʀ]

unter
› sous
[su]

neben
› à côté
[akote]

hinter
› derrière
[dɛʀjɛʀ]

vor *(örtl.)*
› devant
[d(ə)vɑ̃]

zwischen
› entre
[ɑ̃tʀ]

über
› au-dessus
[od(ə)su]

durch
› à travers
[atʀavɛʀ]

gegen
› contre
[kɔ̃tʀ]

mit
› avec
[avɛk]

ohne
› sans
[sɑ̃]

für
› pour
[puʀ]

seit
› depuis
[dəpɥi]

trotz
› malgré
[malgʀe]

von
› de
[də]

vor *(zeitl.)*
› avant
[avɑ̃]

nach *(örtl.)*
› derrière
[dɛʀjɛʀ]

nach *(zeitl.)*
› après
[apʀɛ]

zu
› vers
[vɛʀ]

gegenüber
› en face
[ɑ̃fas]

Pronomen
PRONOMS

ich
› je
[ʒə]

du
› tu
[ty]

er
› il
[il]

es
› cela
[s(ə)la]

wir
› nous
[nu]

Sie
› Vous
[vu]

sie
› elle
[ɛl]

mein (e)
› mon (ma)
[mɔ̃ (ma)]

sein (e) *(männl/sächl)*
› son (sa)
[sɔ̃ (sa)]

euer
› votre
[vɔtʀ]

ihr (e) *(3. Ps, Pl)*
› leur
[lœʀ]

sie
› ils (elles)
[il, ɛl]

dein (e)
› ton (ta)
[tɔ̃ (ta)]

ihr (e)
› son (sa)
[sa]

eure
› votre
[vɔtʀ]

keine (r, s)
› pas de
[padə]

ihr
› vous
[vu]

Ihr (e)
› votre
[vɔtʀ]

unser (e)
› notre
[nɔtʀ]

Ihr (e)
› votre
[vɔtʀ]

irgendjemand
› n'importe qui
[nɛ̃pɔʀtki]

irgendetwas
› n'importe quoi
[nɛ̃pɔʀtkwa]

jemand
› quelqu'un
[kɛlkœ̃]

niemand
› personne
[pɛʀsɔn]

man
› on
[ɔ̃]

etwas
› quelque chose
[kɛlkʃoz]

Funktionswörter sind Wörter, die eine grammatische Funktion im Satz haben. Dazu zählen *Artikel, Konjunktionen, Partikeln, Pronomen, Präpositionen* sowie *Modal-* bzw. *Hilfsverben.*
Hier ein paar Beispielsätze mit je zwei Funktionswörtern:

Artikel: *Die* Frau ist Deutsche, und *der* Mann ist Engländer.
› Article: *La* femme est Allemande et *le* mari est Anglais.
[lafamɛtal'mɑ̃deləmaʀiɛtɑ̃'glɛ]

Konjunktion: Gestern habe ich deinen Mann gesehen, *und/aber* er hat mich nicht gesehen.
› Conjonction: Hier j'ai vu ton mari *et/mais* il ne m'a pas vu(e).
[jɛʀʒɛvytɔ̃ma'ʀie/mɛilnəmapɑ'vy]

Partikel: Sie kann heute *nicht/doch* kommen.
› Particule: Aujourd'hui, elle *ne* peut *pas* / elle peut *quand même* venir.
[oʒuʀ'dɥiɛlnəpø'pɑ/ɛl'pøkɑ̃mɛmv(ə)'niʀ]

Pronomen: *Ich/Sie* weiß es nicht.
› Pronom: *Je* ne le sais pas./*Elle* ne le sait pas.
[ʒən(ə)ləsɛpɑ/ɛlnəl(ə)sɛpɑ]

Präposition: Das Buch liegt *auf/unter* dem Tisch.
› Préposition: Le livre est *sur/sous* la table.
[ləlivʀɛsyʀ/sula'tabl]

Modal- bzw. Hilfsverb: Er *kann/will* dich nicht hören.
› Auxiliaire ou auxiliaire de mode: Il ne *peut/veut* pas t'entendre.
[ilnəpø/vø'patɑ̃tɑ̃dʀ]

Glossar

› Französisch – Deutsch

A

abricot, l' *m* [abʀiko] die Aprikose
accident, l' *m* [aksidɑ̃] der Unfall
accompagnement, l' *m* [akɔ̃paɲmɑ̃] die Beilage
accu, l' *m* [aky] der Akku
achat, l' *m* [aʃa] der Einkauf
acheter [aʃte] kaufen
adaptateur, l' *m* [adaptatœʀ] der Adapter
addition, l' *f* [adisjɔ̃] die Rechnung
adolescent(e), l' *m(f)* [adɔlesɑ̃(t)] der (die) Jugendliche
adresse, l' *f* [adʀɛs] die Adresse
adresse électronique, l' *f* [adʀɛselɛktʀɔnik] die E-Mail-Adresse
aéroport, l' *m* [aeʀɔpɔʀ] der Flughafen
âge, l' *m* [ɑʒ] das Alter
agression, l' *f* [agʀesjɔ̃] der Überfall
agrume, l' *m* [agʀym] die Zitrusfrucht
aide au démarrage, l' *f* [ɛdodemaʀaʒ] die Starthilfe
aider [ede] helfen
aigre [ɛgʀ] sauer
aiguille, l' *f* [egɥij] die Nadel
ail, l' *m* [aj] der Knoblauch
aimer [eme] mögen
aire de repos, l' *f* [ɛʀdəʀ(ə)po] die Raststätte
airelle rouge, l' *f* [ɛʀɛlʀuʒ] die Preiselbeere
alcool, l' *m* [alkɔl] der Alkohol
à l'est [alɛst] östlich
aliments pour bébé, les *pl* [alimɑ̃puʀbebe] die Babynahrung
allaiter [alete] stillen
allégé(e) [aleʒe] fettarm
aller [ale] fahren, gehen
aller danser [aledɑ̃se] tanzen gehen
aller faire les magasins [aleˈfɛʀlemagaˈzɛ̃] shoppen gehen
aller manger [alemɑ̃ʒe] essen gehen
allergie, l' *f* [alɛʀʒi] die Allergie
allergique (à) [alɛʀʒik(a)] allergisch (auf/gegen)
allumette, l' *f* [alymɛt] das Streichholz
à l'ouest [alwɛst] westlich
amande, l' *f* [amɑ̃d] die Mandel
ambulance, l' *f* [ɑ̃bylɑ̃s] der Krankenwagen
amer (amère) [amɛʀ] bitter
ami(e), l' *m(f)* [ami] der (die) Freund(in)
ampoule, l' *f* [ɑ̃pul] die Blase (Haut), die Glühbirne
analgésique, l' *m* [analʒezik] das Schmerzmittel
ananas, l' *m* [anana(s)] die Ananas
anesthésie, l' *f* [anɛstezi] die Narkose
anguille, l' *f* [ɑ̃gij] der Aal
anguleux (-euse) [ɑ̃gylø(z)] eckig
animal, l' *m* [animal] das Tier
animal en peluche, l' *m* [animalɑ̃p(ə)lyʃ] das Kuscheltier
année bissextile, l' *f* [anebisɛkstil] das Schaltjahr
annulaire, l' *m* [anylɛʀ] der Ringfinger
anorak, l' *m* [anɔʀak] der Anorak
antibiotique, l' *m* [ɑ̃tibjɔtik] das Antibiotikum
août [u(t)] der August
à pois [apwa] gepunktet
après-demain [apʀɛd(ə)mɛ̃] übermorgen
appareil (de) photo, l' *m* [apaʀɛj(də) fɔto] der Fotoapparat
appareil auditif, l' *m* [apaʀɛjoditif] das Hörgerät
appartement, l' *m* [apaʀtəmɑ̃] die Wohnung
appel d'urgence, l' *m* [apɛldyʀʒɑ̃s] der Notruf
appeler [aple] aufrufen, anrufen
appendicite, l' *f* [apɛ̃disit] die Blinddarmentzündung
application, l' *f* [aplikasjɔ̃] die App
apprenti(e), l' *m(f)* [apʀɑ̃ti] der (die) Auszubildende
apprentissage, l' *m* [apʀɑ̃tisaʒ] die Lehre
après [apʀɛ] nach (zeitl.)
après que [apʀɛkə] nachdem
après-midi, l' *m/f* [apʀɛmidi] der Nachmittag
arbre, l' *m* [aʀbʀ] der Baum
are, l' *m* [aʀ] der/das Ar
argent, l' *m* [aʀʒɑ̃] das Geld
argent liquide, l' *m* [aʀʒɑ̃likid] das Bargeld
argenté(e) [aʀʒɑ̃te] silberfarben
arme, l' *f* [aʀm] die Waffe
armoire, l' *f* [aʀmwaʀ] der Schrank
arrêter [aʀete] anhalten, festnehmen
arrivée, l' *f* [aʀive] die Ankunft
arriver [aʀive] ankommen
arroser [aʀoze] gießen
artère, l' *f* [aʀtɛʀ] die Arterie
artichaut, l' *m* [aʀtiʃo] die Artischocke
ascenseur, l' *m* [asɑ̃sœʀ] der Aufzug

asperge, l' *f* [aspɛʀʒ] der Spargel
aspirateur, l' *m* [aspiʀatœʀ] der Staubsauger
assaisonner [asɛzɔne] anmachen (Salat)
assiette, l' *f* [asjɛt] der Teller
à travers [atʀavɛʀ] durch
attaque cérébrale, l' *f* [atakseʀebʀal] der Schlaganfall
attelle, l' *f* [atɛl] die Schiene
atterrir [ateʀiʀ] landen
au cas où [okau] falls
au lieu de [oljødə] statt
au nord [onɔʀ] nördlich
au sud [osyd] südlich
aubergine, l' *f* [obɛʀʒin] die Aubergine
au-dessous (de) [od(ə)su(də)] unterhalb
au-dessus [od(ə)su] über
au-dessus (de) [od(ə)sy(də)] oberhalb
aussi bien ... que [osibjɛ̃ … kə] sowohl ... als auch
automne, l' *m* [otɔn] der Herbst
autoroute, l' *f* [otoʀut] die Autobahn
avalanche, l' *f* [avalɑ̃ʃ] die Lawine
avant [avɑ̃] vor (*zeitl.*)
avant que [avɑ̃kə] bevor
avant-dernier (-ière) [avɑ̃dɛʀnje, ɛʀ] vorletzte (*r, s*)
avant-hier [avɑ̃tjɛʀ] vorgestern
avec [avɛk] mit
avec/sans gaz [avɛk/sɑ̃gɑz] mit/ohne Kohlensäure
aversion, l' *f* [avɛʀsjɔ̃] die Abneigung
aveugle [avœgl] blind
avion, l' *m* [avjɔ̃] das Flugzeug
avis, l' *m* [avi] die Meinung
avocat, l' *m* [avɔka] die Avocado
avoir, l' *m* [avwaʀ] das Guthaben
avortement, l' *m* [avɔʀtəmɑ̃] die Abtreibung
avril [avʀil] der April

B

bactéries, les *pl* [bakteʀi] die Bakterien *pl*
bagages, les [bagaʒ] das Gepäck
bague, la [bag] der Ring
baguette, la [bagɛt] das Baguette
baguettes, les *pl* [bagɛt] die Stäbchen *pl*
baie, la [bɛ] die Beere
baignoire, la [bɛɲwaʀ] die Badewanne
balai, le [balɛ] der Besen
balance, la [balɑ̃s] die Waage
balayer [baleje] kehren
balayette, la [balɛjɛt] der Handfeger
balcon, le [balkɔ̃] der Balkon
ballet, le [balɛ] das Ballett
ballon, le [balɔ̃] der Ball
banane, la [banan] die Banane
bander [bɑ̃de] verbinden
banque, la [bɑ̃k] die Bank
banque en ligne, la [bɑ̃kɑ̃liɲ] das Onlinebanking
bar, le [baʀ] die Bar
barbe, la [baʀb] der Bart
barrette, la [baʀɛt] die Haarspange
bas, les *pl* [bɑ] die Strümpfe *pl*
bateau, le [bato] das Schiff
batterie, la [batʀi] die Batterie
bavette, la [bavɛt] das Lätzchen
beau (belle) [bo, bɛl] schön
beaucoup (de) [boku(də)] viele
beau-fils, le [bofis] der Stiefsohn
beau-frère, le [bofʀɛʀ] der Schwager
beau-père, le [bopɛʀ] der Schwiegervater, der Stiefvater
bébé, le [bebe] das Baby
beige [bɛʒ] beige
belle-fille, la [bɛlfij] die Schwiegertochter, die Stieftochter
belle-mère, la [bɛlmɛʀ] die Schwiegermutter, die Stiefmutter
belle-sœur, la [bɛlsœʀ] die Schwägerin
béquille, la [bekij] die Krücke
beurre, le [bœʀ] die Butter
biberon, le [bibʀɔ̃] die Saugflasche
bibliothèque, la [biblijɔtɛk] die Bibliothek
bien cuit(e) [bjɛ̃kɥi(t)] durch (*Steak*)
bien que [bjɛ̃kə] obwohl
bière, la [bjɛʀ] das Bier
bière blanche, la [bjɛʀblɑ̃ʃ] das Weizenbier
bijou, le [biʒu] der Schmuck
bijoutier, le [biʒutje] der Juwelier
bikini, le [bikini] der Bikini
billet, le [bijɛ] das Ticket
billet (de banque), le [bijɛ(dəbɑ̃k)] der Geldschein
bio [bjo] bio
biscuit, le [biskɥi] der Keks
bistro(t), le [bistʀo] die Kneipe
blaireau, le [blɛʀo] der Rasierpinsel
blanc (blanche) [blɑ̃(ʃ)] weiß
blazer, le [blazɛʀ] der Blazer
blessé(e) [blese] verletzt
blessé(e), le, la [blese] der (die) Verletzte
bleu(e) [blø] blau
bloc-notes, le [blɔknɔt] das Notizbuch
blond(e) [blɔ̃(d)] blond
boire [bwaʀ] trinken

boisson, la [bwasɔ̃] das Getränk
bol, le [bɔl] die Schüssel
bombe, la [bɔ̃b] die Bombe
bon (bonne) [bɔ̃, bɔn] gut
bon marché [bɔ̃maʀʃe] preiswert
bonbon, le [bɔ̃bɔ̃] der/das Bonbon
bonnet, le [bɔnɛ] die Mütze
botte, la [bɔt] der Stiefel
bouche, la [buʃ] der Mund
bouche-à-bouche, le [buʃabuʃ] die Mund-zu-Mund-Beatmung
boucherie-charcuterie, la [buʃʀiʃaʀkytʀi] die Metzgerei
bouchon, le [buʃɔ̃] der Korken
boucle d'oreille, la [bukldɔʀɛj] der Ohrring
boucle, la [bukl] die Locke
bouillir [bujiʀ] kochen (*Wasser*)
bouilloire électrique, la [bujwaʀelɛktʀik] der Wasserkocher
bouillon [bujɔ̃] die Brühe
boulangerie, la [bulɑ̃ʒʀi] die Bäckerei
boulette, la [bulɛt] der Kloß
bouteille, la [butɛj] die Flasche
bouton, le [butɔ̃] der Knopf
bras, le [bʀa] der Arm
bretzel, le [bʀɛtzɛl] die Brezel
bricoler [bʀikɔle] basteln
briquet, le [bʀikɛ] das Feuerzeug
brocoli, le [bʀɔkɔli] der Brokkoli
bronzé(e) [bʀɔ̃ze] sonnengebräunt
bronzer [bʀɔ̃ze] sich sonnen
brosse, la [bʀɔs] die Bürste
brosse à dents, la [bʀɔsadɑ̃] die Zahnbürste
brosse à W.-C., la [bʀɔsavese] die Klobürste
brouillard, le [bʀujaʀ] der Nebel
brûlant(e) [bʀylɑ̃(t)] heiß (*Wasser*)
brûler [bʀyle] brennen
brûlure, la [bʀylyʀ] die Verbrennung
brumeux (-euse) [bʀymø(z)] neblig
brun(e) [bʀœ̃, bʀyn] dunkelhaarig
bureau, le [byʀo] das Arbeitszimmer, das Büro, der Schreibtisch
bureau de change, le [byʀod(ə)ʃɑ̃ʒ] die Wechselstube
bus, le [bys] der Bus

C

cabillau, le [kabijo] der Kabeljau
cabine, la [kabin] die Kabine
cabine d'essayage, la [kabindesɛjaʒ] die Umkleidekabine
cabinet, le [kabinɛ] das Sprechzimmer
câble, le [kɑbl] der Draht; das Kabel
caddie, le [kadi] der Einkaufswagen
café, le [kafe] das Café, der Kaffee
café au lait, le [kafeolɛ] der Milchkaffee
café liégeois, le [kafeljeʒwa] der Eiskaffee
cafetière électrique, la [kaftjɛʀelɛktʀik] die Kaffeemaschine
cage d'escalier, la [kaʒdɛskalje] das Treppenhaus
caisse, la [kɛs] die Kasse
caisse de bière, la [kɛsdəbjɛʀ] der Kasten Bier
caissier (-ière), le, la [kesje, ɛʀ] der (die) Kassierer(in)
calamar, le [kalamaʀ] der Tintenfisch
calculette, la [kalkylɛt] der Taschenrechner
caleçon, le [kalsɔ̃] die Leggings *pl*
calendrier, le [kalɑ̃dʀije] der Kalender
calmant, le [kalmɑ̃] das Beruhigungsmittel
calvitie, la [kalvisi] die Glatze
cambriolage, le [kɑ̃bʀijɔlaʒ] der Einbruch
cambrioler [kɑ̃bʀijɔle] einbrechen
camion, le [kamjɔ̃] der Lastwagen
camion de pompiers, le [kamjɔ̃dəpɔ̃pje] das Feuerwehrauto
camper [kɑ̃pe] zelten
camping-car, le [kɑ̃piŋkaʀ] das Wohnmobil
canapé, le [kanape] das Sofa
canard, le [kanaʀ] die Ente
capuccino, le [kaputʃino] der Cappuccino
capuchon, le [kapyʃɔ̃] die Kapuze
caravane, la [kaʀavan] der Wohnwagen
carie, la [kaʀi] die Karies
carotte, la [kaʀɔt] die Karotte
carpe, la [kaʀp] der Karpfen
carré(e) [kaʀe] quadratisch
carreau, le [kaʀo] die Fliese
à carreaux [akaʀo] kariert
carrelet, le [kaʀlɛ] die Scholle
carte à mémoire, la [kaʀtamemwaʀ] die Speicherkarte
carte bancaire, la [kaʀtbɑ̃kɛʀ] die Bankkarte
carte d'assuré social, la [kaʀtdasyʀesɔsjal] die Versichertenkarte
carte de crédit, la [kaʀtdəkʀedi] die Kreditkarte

carte d'embarquement, la [kaʀtdɑ̃baʀkəmɑ̃] die Bordkarte
carte d'identité, la [kaʀtdidɑ̃tite] der Ausweis
carte eurochèque, la [kaʀtøʀoʃɛk] die EC-Karte
carte géographique, la [kaʀtʒeɔgʀafik] die Landkarte
carte postale, la [kaʀtpɔstal] die Postkarte
carte prépayée, la [kaʀtpʀepeje] die Prepaid-Karte
carte SIM, la [kaʀtsim] die SIM-Karte
cascade, la [kaskad] der Wasserfall
casque, le [kask] der Kopfhörer
casque de cycliste, le [kaskdəsiklist] der Fahrradhelm
cassé(e) [kɑse] gebrochen (Gliedmaße)
casserole, la [kasʀɔl] der Topf
cave, la [kav] der Keller
CD/DVD, le [sede/devede] die CD/DVD
ceinture, la [sɛ̃tyʀ] der Gürtel
cela [s(ə)la] es
Celsius [sɛlsjys] Celsius
cent [sɑ̃] hundert
cent un [sɑ̃œ̃] hundert(und)eins
centime, le [sɑ̃tim] der Cent
centimètre, le [sɑ̃timɛtʀ] der/das Zentimeter
centre de fitness, le [sɑ̃tʀdəfitnɛs] das Fitnesscenter
centre-ville, le [sɑ̃tʀ(ə)vil] die Innenstadt
cèpe, le [sɛp] der Steinpilz
céréales, les *pl* [seʀeal] das Müsli
cerise, la [s(ə)ʀiz] die Kirsche
cerveau, le [sɛʀvo] das Gehirn
césarienne, la [sezaʀjɛn] der Kaiserschnitt
chaise, la [ʃɛz] der Stuhl
chaise haute, la [ʃɛz´ot] der Hochstuhl
chaise longue, la [ʃɛzlɔ̃g] der Liegestuhl
chambre à deux lits, la [ʃɑ̃bʀadøli] das Doppelzimmer
chambre individuelle, la [ʃɑ̃bʀɛ̃dividɥɛl] das Einzelzimmer
champignon, le [ʃɑ̃piɲɔ̃] der Pilz
changer [ʃɑ̃ʒe] umsteigen
changer [ʃɑ̃ʒe] umtauschen (*Geld*)
chantier, le [ʃɑ̃tje] die Baustelle
chapeau, le [ʃapo] der Hut
chaque [ʃak] jede(r, s)
charcuterie, la [ʃaʀkytʀi] die Wurst (Aufschnitt)
charger [ʃaʀʒe] aufladen
chargeur, le [ʃaʀʒœʀ] das Ladegerät
chaud(e) [ʃo(d)] warm
chauffage, le [ʃofaʒ] die Heizung
chaussettes, les *pl* [ʃosɛt] die Socken *pl*
chaussure, la [ʃosyʀ] der Schuh
chaussure de marche, la [ʃosyʀdəmaʀʃ] der Wanderschuh
chaussure de ski, la [ʃosyʀdəski] der Skistiefel
chaussure de sport, la [ʃosyʀdəspɔʀt] der Turnschuh
chavirer [ʃaviʀe] kentern
chemin, le [ʃ(ə)mɛ̃] der Weg
chemise, la [ʃ(ə)miz] das Hemd
chemisier, le [ʃ(ə)mizje] die Bluse
cher (chère) [ʃɛʀ] teuer
cheveux, les *pl* [ʃ(ə)vø] das Haar
cheville, la [ʃ(ə)vij] der Knöchel
chewing-gum, le [ʃwiŋgɔm] der/das Kaugummi
chien d'aveugle, le [ʃjɛ̃davœgl] der Blindenhund
chips, les *pl* [ʃips] die Chips *pl*
chirurgien(ne), le, la [ʃiʀyʀʒjɛ̃, ɛn] der (die) Chirurg(in)
chocolat, le [ʃɔkɔla] die Schokolade
choisir [ʃwaziʀ] aussuchen
chômeur (-euse) [ʃomœʀ, øz] arbeitslos
chou, le [ʃu] der Kohl
chou frisé, le [ʃufʀiʒe] der Wirsing
chou-fleur, le [ʃuflœʀ] der Blumenkohl
chou-rave, le [ʃuʀav] der Kohlrabi
cicatrice, la [sikatʀis] die Narbe
ciel, le [sjɛl] der Himmel
cigarette, la [sigaʀɛt] die Zigarette
cigarette électronique, la [sigaʀɛtelɛktʀɔnik] die E-Zigarette
cimetière, le [simtjɛʀ] der Friedhof
cinéma, le [sinema] das Kino
cinq [sɛ̃k] fünf
cinquante [sɛ̃kɑ̃t] fünfzig
cinquième [sɛ̃kjɛm] fünfte(r, s)
cintre, le [sɛ̃tʀ] der Bügel
cirage, le [siʀaʒ] die Schuhcreme
circuit en ville, le [siʀkɥiɑ̃vil] die Städtereise
circulation, la [siʀkylasjɔ̃] der Verkehr
ciseaux, les *pl* [sizo] die Schere
citron, le [sitʀɔ̃] die Zitrone
citron vert, le [sitʀɔ̃vɛʀ] die Limette
civière, la [sivjɛʀ] die Trage
clair(e) [klɛʀ] hell

clé, la [kle] der Schlüssel
clé USB, la [kleyɛsbe] der USB-Stick
client(e), le, la [klijɑ̃(t)] der Gast, der(die) Kunde(-in)
clôture, la [klotyʀ] der Zaun
clou, le [klu] der Nagel (*Metallstift*)
club, le [klœb] der Club
coca, le [kɔka] das/die Cola®
cocktail, le [kɔktɛl] der Cocktail
code confidentiel, le [kɔdkɔ̃fidɑ̃sjɛl] die Geheimzahl
cœur, le [kœʀ] das Herz
cognac, le [kɔɲak] der Weinbrand
col, le [kɔl] der Kragen
coll roulé, le [kɔlʀule] der Rollkragen
collant, le [kɔlɑ̃] die Strumpfhose
colle, la [kɔl] der Klebstoff
coller [kɔle] kleben
collier, le [kɔlje] die Kette
colonne vertébrale, la [kɔlɔnvɛʀtebʀal] die Wirbelsäule
comédie musicale, la [kɔmedimyzikal] das Musical
comestible [kɔmɛstibl] ungiftig
commande, la [kɔmɑ̃d] die Bestellung
commander [kɔmɑ̃de] bestellen
comme [kɔm] als, da
comment [kɔmɑ̃] wie
commenter [kɔmɑ̃te] kommentieren
commotion cérébrale, la [komosjɔ̃seʀebʀal] die Gehirnerschütterung
compartiment, le [kɔ̃paʀtimɑ̃] das Abteil
compliment, le [kɔ̃plimɑ̃] das Kompliment
comprendre [kɔ̃pʀɑ̃dʀ] verstehen
comprimé, le [kɔ̃pʀime] die Tablette
compte, le [kɔ̃t] das Konto
concert, le [kɔ̃sɛʀ] das Konzert
concombre, le [kɔ̃kɔ̃bʀ] die Gurke
conduire [kɔ̃dɥiʀ] fahren
confiture, la [kɔ̃fityʀ] die Marmelade
congélateur, le [kɔ̃ʒelatœʀ] die Gefriertruhe
connaissance, la [kɔnɛsɑ̃s] der (die) Bekannte
consultation, la [kɔ̃syltasjɔ̃] die Sprechstunde
contagieux (-euse) [kɔ̃taʒjø(z)] ansteckend
continent, le [kɔ̃tinɑ̃] der Kontinent
contravention, la [kɔ̃tʀavɑ̃sjɔ̃] der Strafzettel
contre [kɔ̃tʀ] gegen
contredire [kɔ̃tʀədiʀ] widersprechen
contrôle de sécurité, le [kɔ̃tʀoldəsekyʀite] die Sicherheitskontrolle
contrôleur (-euse), le, la [kɔ̃tʀolœʀ, øz] der (die) Schaffner(in)
contusion, la [kɔ̃tyzjɔ̃] die Prellung
conversation, la [kɔ̃vɛʀsasjɔ̃] das Gespräch
copier [kɔpje] kopieren
corde à linge, la [kɔʀdalɛ̃ʒ] die Wäscheleine
cornichon, le [kɔʀniʃɔ̃] die Gurke
correspondance, la [kɔʀɛspɔ̃dɑ̃s] der Anschluss
costume, le [kɔstym] der Anzug
côte, la [kot] die Rippe
à côté (de) [akote(də)] neben
côtelette, la [kotlɛt] das Kotelett
coton, le [kɔtɔ̃] die Baumwolle, die Watte
coton à démaquiller, le [kɔtɔ̃ademakije] das Wattepad
coton-tige®, le [kɔtɔ̃tiʒ] das Wattestäbchen
cou, le [ku] der Hals
couche, la [kuʃ] die Windel
coude, le [kud] der Ellenbogen
coudre [kudʀ] nähen
coup de soleil, le [kud(ə)sɔlɛj] der Sonnenbrand
coupable, le, la [kupabl] der (die) Täter(in)
couple, le [kupl] das Paar
courant, le [kuʀɑ̃] der Strom
courge, la [kuʀʒ] der Kürbis
courgette, la [kuʀʒɛt] die Zucchini
courir [kuʀiʀ] laufen
cours du change, le [kuʀdyʃɑ̃ʒ] der Wechselkurs
cousin(e), le, la [kuzɛ̃, in] der (die) Cousin(e)
couteau, le [kuto] das Messer
coûter [kute] kosten
couvercle, le [kuvɛʀkl] der Deckel
couvert, le [kuvɛʀ] Besteck
couverture, la [kuvɛʀtyʀ] die Bettdecke, der Umschlag
crabe, le [kʀɑb] der Krebs
crampe, la [kʀɑ̃p] der Krampf
cravate, la [kʀavat] die Krawatte
crayon, le [kʀɛjɔ̃] der Bleistift
crédit, le [kʀedi] der Kredit
crème, la [kʀɛm] die Creme, die Sahne
crème solaire, la [kʀɛmsɔlɛʀ] die Sonnencreme
crème sure/sucrée, la [kʀɛmsyʀ/sykʀe] die saure/süße Sahne

crêpe, la [kʀɛp] die Crêpe
crevette, la [kʀəvɛt] die Garnele
crier [kʀije] schreien
crime, le [kʀim] das Verbrechen
criminel(le), le, la [kʀiminɛl] der (die) Verbrecher(in)
croisement, le [kʀwazmɑ̃] die Kreuzung
croisière, la [kʀwazjɛʀ] die Kreuzfahrt
croissant, le [kʀwasɑ̃] das Croissant
croquette, la [kʀɔkɛt] die Krokette
cube, le [kyb] der Bauklotz
cuillère en bois, la [kɥijɛʀɑ̃bwɑ] der Kochlöffel
cuir, le [kɥiʀ] das Leder
cuisine, la [kɥizin] die Küche
cuisiner [kɥizine] kochen (*Essen*)
cuisinière, la [kɥizinjɛʀ] der Herd
cuisse, la [kɥis] der Oberschenkel
curiosité, la [kyʀjozite] die Sehenswürdigkeit
cystite, la [sistit] die Blasenentzündung

D

danger, le [dɑ̃ʒe] die Gefahr
danser [dɑ̃se] tanzen
date, la [dat] das Datum
date de naissance, la [datdənɛsɑ̃s] das Geburtsdatum
datte, la [dat] die Dattel
de [də] von
de qui [d(ə)ki] wessen
de sa propre production [dəsaˈpʀɔpʀ(ə) pʀɔdykˈsjɔ̃] aus eigener Produktion
de temps en temps [dətɑ̃zɑ̃tɑ̃] ab und zu
déambulateur, le [deɑ̃bylatœʀ] der Rollator
décaféiné(e) [dekafeine] koffeinfrei
décembre [desɑ̃bʀ] der Dezember
déchirure d'un ligament, la [deʃiʀyʀdœ̃ligamɑ̃] der Bänderriss
décoller [dekɔle] starten
décompresser [dekɔ̃pʀese] chillen
décontracté(e) [dekɔ̃tʀakte] gelassen
déçu(e) [desy] enttäuscht
défibrillateur, le [defibʀilatœʀ] der Defibrillator
degré, le [dəgʀe] der Grad
déjeuner, le [deʒœne] das Mittagessen
délicieux (-euse) [delisjø(z)] lecker
délivré(e) uniquement sur ordonnance [deliˈvʀeynikˈmɑ̃syʀɔʀdɔˈnɑ̃s] rezeptpflichtig
demain [dəmɛ̃] morgen
demande, la [d(ə)mɑ̃d] die Bitte
démanger [demɑ̃ʒe] jucken
demi-heure, la [d(ə)miœʀ] die halbe Stunde
demi-pension, la [d(ə)mipɑ̃sjɔ̃] die Halbpension
dent, la [dɑ̃] der Zahn
dentifrice, le [dɑ̃tifʀis] die Zahncreme
dentiste, le, la [dɑ̃tist] der (die) Zahnarzt (-ärztin)
déodorant, le [deɔdɔʀɑ̃] das Deo(dorant)
départ, le [depaʀ] der Abflug
dépasser [depɑse] überziehen (*Konto*)
depuis [dəpɥi] seit; seitdem
dermatologue, le, la [dɛʀmatɔlɔg] der (die) Hautarzt (-ärztin)
dernier (-ière) [dɛʀnje, ɛʀ] letzte(r, s)
derrière, le [dɛʀjɛʀ] das Gesäß
désert, le [dezɛʀ] die Wüste
désinfecter [dezɛ̃fɛkte] desinfizieren
désoler [dezɔle] leidtun
dessert, le [desɛʀ] der Nachtisch
à dessins [adesɛ̃] gemustert
dettes, les *pl* [dɛt] die Schulden *pl*
deux [dø] zwei
deux cents [døsɑ̃] zweihundert
deux fois [døfwa] zweimal
deux heures [døzœʀ] zwei Uhr
deux mille [dømil] zweitausend
deuxième [døzjɛm] zweite(r, s)
devant [d(ə)vɑ̃] vor (*örtl.*)
diabète, le [djabɛt] der Diabetes
diagnostic, le [djagnɔstik] die Diagnose
diarrhée, la [djaʀe] der Durchfall
dictionnaire, le [diksjɔnɛʀ] das Wörterbuch
diesel, le [djezɛl] der Diesel
dimanche, le [dimɑ̃ʃ] der Sonntag
dinde, la [dɛ̃d] die Pute
dîner, le [dine] das Abendessen
dire [diʀ] sagen
discuter [diskyte] diskutieren
discuter ensemble [diskyte(ʀ) ɑ̃sɑ̃bl] miteinander reden
disparu(e), le, la [dispaʀy] der (die) Vermisste
dispute, la [dispyt] der Streit
dissolvant à ongles, le [disɔlvɑ̃aɔ̃gl] der Nagellackentferner
distributeur de billets, le [distʀibyˈtœʀ dəbiˈjɛ] der Geldautomat
distributeur de tickets, le [distʀibyˈtœʀ dətiˈkɛ] der Fahrkartenautomat
divisé [divize] geteilt
dix [dis] zehn
dix mille [dimil] zehntausend

dix-huit [dizɥit] achtzehn
dixième [dizjɛm] zehnte (*r, s*)
dix-neuf [diznœf] neunzehn
dix-sept [dissɛt] siebzehn
doigt, le [dwa] der Finger
doré(e) [dɔʀe] goldfarben
dos, le [do] der Rücken
dosage, le [dozaʒ] die Dosierung
douane, la [dwan] der Zoll
double [dubl] zweifach/doppelt
doublé(e) [duble] gefüttert
douche, la [duʃ] die Dusche
douleurs, les *pl* [dulœʀ] die Schmerzen *pl*
doux (douce) [du(s)] weich
douze [duz] zwölf
douze heures [duzœʀ] zwölf Uhr
douzième [duzjɛm] zwölfte (*r, s*)
drap, le [dʀa] das Laken
droguerie, la [dʀɔgʀi] die Drogerie
à droite [adʀwat] rechts
dur(e) [dyʀ] hart

E

eau, l' *f* [o] das Wasser
eau du robinet, l' *f* [odyʀɔbinɛ] das Leitungswasser
eau minérale, l' *f* [omineʀal] das Mineralwasser
eau-de-vie, l' *f* [od(ə)vi] der Schnaps
échalote, l' *f* [eʃalɔt] die Schalotte
échanger [eʃɑ̃ʒe] umtauschen
écharpe, l' *f* [eʃaʀp] der Schal
échelle, l' *f* [eʃɛl] die Leiter
échographie, l' *f* [ekogʀafi] die Ultraschalluntersuchung
éclair, l' *m* [eklɛʀ] der Blitz
école, l' *f* [ekɔl] die Schule
écorce, l' *f* [ekɔʀs] die Schale
écouter [ekute] abhören
écrire [ekʀiʀ] (auf)schreiben
écrou, l' *m* [ekʀu] die Mutter (*Schraube*)
édulcorant, l' *m* [edylkɔʀɑ̃] der Süßstoff
effet secondaire, l' *m* [efɛs(ə)gɔ̃dɛʀ] die Nebenwirkung
effrayé(e) [efʀeje] verängstigt
église, l' *f* [egliz] die Kirche
élève, l' *m, f* [elɛv] der (die) Schüler(in)
elle *f* [ɛl] sie (*3. Ps, pl*)
embouteillage, l' *m* [ɑ̃butɛjaʒ] der Stau
émincé, l' *m* [emɛ̃se] das Geschnetzelte
employé(e) [ɑ̃plwaje] angestellt
empoisonnement, l' *m* [ɑ̃pwazɔnmɑ̃] die Vergiftung
emporter [aɑ̃pɔʀte] zum Mitnehmen/To Go
en bas [ɑ̃ba] unten
en face [ɑ̃fas] gegenüber
en haut [ɑ̃'o] oben
en liquide [ɑ̃likid] bar
enceinte [ɑ̃sɛ̃t] schwanger
endive, l' *f* [ɑ̃div] der Chicorée
enfant, l' *m, f* [ɑ̃fɑ̃] das Kind
enflammé(e) [ɑ̃flame] entzündet
enflé(e) [ɑ̃fle] geschwollen
enlèvement, l' *m* [ɑ̃lɛvmɑ̃] die Entführung
ennuyé(e) [ɑ̃nɥije] gelangweilt
enroué(e) [ɑ̃ʀwe] heiser
ensemble, l' *m* [ɑ̃sɑ̃bl] das Kostüm
enseveli(e) [ɑ̃səvli] verschüttet
enterrement, l' *m* [ɑ̃tɛʀmɑ̃] die Beerdigung
enthousiaste [ɑ̃tuzjast] begeistert
entorse, l' *f* [ɑ̃tɔʀs] die Verstauchung
entre [ɑ̃tʀ] zwischen
entrée, l' *f* [ɑ̃tʀe] die Einreise, der Flur, die Vorspeise
entremets, l' *m* [ɑ̃tʀəmɛ] die Süßspeise
entreprise, l' *f* [ɑ̃tʀəpʀiz] das Unternehmen
envoyer un texto [ɑ̃vwajeœ̃tɛksto] simsen
épaule, l' *f* [epol] die Schulter
épeler [ep(ə)le] buchstabieren
épices, les *pl* [epis] die Gewürze
épicé(e) [epise] scharf
épicer [epise] würzen
épinard, l' *m* [epinaʀ] der Spinat
épingle de sûreté, l' *f* [epɛ̃gldəsyʀte] die Sicherheitsnadel
éplucher [eplyʃe] schälen
éponge, l' *f* [epɔ̃ʒ] der Schwamm
épouse, l' *f* [epuz] die (Ehe-)Frau
épuisé(e) [epɥize] ausverkauft
éruption cutanée, l' *f* [eʀypsjɔ̃kytane] der Ausschlag
escalator, l' *m* [ɛskalatɔʀ] die Rolltreppe
escalier, l' *m* [ɛskalje] die Treppe
escalope, l' *f* [ɛskalɔp] das Schnitzel
essayer [eseje] anprobieren
essence, l' *f* [esɑ̃s] das Benzin
essuyer [esɥje] abtrocknen
essuyer [esɥije] wischen
est, l' *m* [ɛst] der Osten
estomac, l' *m* [ɛstɔma] der Magen
et [e] und
étage, l' *m* [etaʒ] das Stockwerk
étage mansardé, l' *m* [etaʒmɑ̃saʀde] das Dachgeschoss
étagère, l' *f* [etaʒɛʀ] das Regal
été, l' *m* [ete] der Sommer

E

éternuer [etɛʀnye] niesen
étoile, l' *f* [etwal] der Stern
étonné(e) [etɔne] erstaunt
étranger (-ère), l' *m(f)* [etʀɑ̃ʒe, ɛʀ] der (die) Ausländer(in)
être bon(ne) [ɛtʀbɔ̃, bɔn] schmecken
étroit(e) [etʀwa(t)] eng
étudiant(e), l' *m(f)* [etydjɑ̃(t)] der (die) Student(in)
euro, l' *m* [øʀo] der Euro
éventé [evɑ̃te] abgestanden
examen, l' *m* [ɛgzamɛ̃] die Untersuchung
examiner [ɛgzamine] untersuchen
excellent(e) [ɛkselɑ̃(t)] ausgezeichnet
excité(e) [ɛksite] aufgeregt
excuse, l' *f* [ɛkskyz] die Entschuldigung
explosion, l' *f* [ɛksplozjɔ̃] die Explosion
expresso, l' *m* [ɛkspʀɛso] der Espresso
extrait de compte, l' *m* [ɛkstʀɛd(ə)kɔ̃t] der Kontoauszug

F

faim, la [fɛ̃] der Hunger
faire la fête [fɛʀlafɛt] feiern
faire le plein [fɛʀləplɛ̃] tanken
faire mal [fɛʀmal] wehtun
famille recomposée, la [famijʀəkɔ̃poze] die Patchworkfamilie
fané(e) [fane] welk
fard à paupières, le [faʀapopjɛʀ] der Lidschatten
farfalles, les *pl* [faʀfal] die Farfalle *pl*
farine, la [faʀin] das Mehl
fatigué(e) [fatige] müde
fausse couche, la [foskuʃ] die Fehlgeburt
fauteuil, le [fotœj] der Sessel
fauteuil roulant, le [fotœjʀulɑ̃] der Rollstuhl
faux (fausse) [fo(s)] unecht
féminin(e) [feminɛ̃, in] weiblich
femme, la [fam] die (Ehe) Frau
fenêtre, la [f(ə)nɛtʀ] das Fenster
fenouil, le [fənuj] der Fenchel
fer à repasser, le [fɛʀaʀ(ə)pɑse] das Bügeleisen
fête, la [fɛt] das Fest
fêter [fete] feiern
feu, le [fø] das Feuer
feuille d'aluminium, la [fœjdalyminjɔm] die Alufolie
feux, les *pl* [fø] die Ampel
février [fevʀije] der Februar
fièvre, la [fjɛvʀ] das Fieber
figue, la [fig] die Feige
fil, le [fil] der Faden
fil dentaire, le [fildɑ̃tɛʀ] die Zahnseide
filet de poisson, le [filɛdpwasɔ̃] das Fischfilet
fille, la [fij] die Tochter
film, le [film] der Film
film plastique, le [filmplastik] die Frischhaltefolie
fils, le [fis] der Sohn
flamme, la [flam] die Flamme
flan, le [flɑ̃] der Pudding
flétan, le [fletɑ̃] der Heilbutt
fleur, la [flœʀ] die Blume, die Blüte
flirter [flœʀte] flirten
flocons d'avoine, les *pl* [flɔkɔ̃davwan] die Haferflocken *pl*
foie, le [fwa] die Leber
foncé(e) [fɔ̃se] dunkel
football, le [futbol] der Fußball
forêt, la [fɔʀɛ] der Wald
forêt vierge, la [fɔʀɛvjɛʀʒ] der Urwald
foulé(e) [fule] verstaucht
four, le [fuʀ] der Backofen
fourchette, la [fuʀʃɛt] die Gabel
fournisseur d'accès, le [fuʀnisœʀdaksɛ] der Provider
fracture, la [fʀaktyʀ] der Knochenbruch
frais (fraîche) [fʀɛ(ʃ)] frisch
fraise, la [fʀɛz] die Erdbeere
franc suisse, le [fʀɑ̃sɥis] der Schweizer Franken
frère, le [fʀɛʀ] der Bruder
frères et sœurs, les *pl* [fʀɛʀ(z)esœʀ] die Geschwister *pl*
frissons, les *pl* [fʀisɔ̃] der Schüttelfrost
froid(e) [fʀwa(d)] kalt
froissé(e) [fʀwase] gezerrt
fromage, le [fʀɔmaʒ] der Käse
fromage blanc, le [fʀɔmaʒblɑ̃] der Quark
froment, le [fʀɔmɑ̃] der Weizen
front, le [fʀɔ̃] die Stirn
fumée, la [fyme] der Rauch
fumer [fyme] rauchen
furieux (-euse) [fyʀjø(z)] wütend
fusible, le [fyzibl] die Sicherung
fusillis, les *pl* [fyzili] die Fusilli *pl*

G

gant, le [gɑ̃] der Handschuh
gant de toilette, le [gɑ̃dətwalɛt] der Waschlappen
garage, le [gaʀaʒ] die Garage
gare, la [gaʀ] der Bahnhof
gâteau, le [gɑto] der Kuchen

à gauche [agoʃ] links
gel capillaire, le [ʒɛlkapilɛʀ] das Haargel
gel douche, le [ʒɛlduʃ] das Duschgel
geler [ʒ(ə)le] gefrieren
gendre, le [ʒɑ̃dʀ] der Schwiegersohn
gengivite, la [ʒɛ̃ʒivit] die Zahnfleischentzündung
genou, le [ʒ(ə)nu] das Knie
gilet, le [ʒilɛ] die Weste
gin, le [dʒin] der Gin
glace, la [glas] das Eis
glacier, le [glasje] der Gletscher
glande thyroïde, la [glɑ̃dtiʀɔid] die Schilddrüse
gnocchis, les *pl* [ɲɔki] die Gnocchi *pl*
gobelet, le [gɔblɛ] der Becher
gomme, la [gɔm] der/das Radiergummi
googler [gugle] googeln
goulache, le [gulaʃ] der/das Gulasch
goûter [gute] kosten, probieren
gouttes, les *pl* [gut] die Tropfen *pl*
graine de soja, la [gʀɛndəsɔʒa] die Sojabohne
gramme, le [gʀam] das Gramm
grand(e) [gʀɑ̃(d)] groß
grand magasin, le [gʀɑ̃magazɛ̃] das Kaufhaus
grande cuillère, la [gʀɑ̃dkɥijɛʀ] der Esslöffel
grand-mère, la [gʀɑ̃mɛʀ] die Großmutter
grand-père, le [gʀɑ̃pɛʀ] der Großvater
grands-parents, les *pl* [gʀɑ̃paʀɑ̃] die Großeltern *pl*
granules, les *pl* [gʀanyl] die Globuli *pl*
gras (grasse) [gʀɑ(s)] fett(ig) (*Fleisch*)
gratiné(e) [gʀatine] überbacken
grenouillère, la [gʀənujɛʀ] der Strampelanzug
grillé(e) [gʀije] gegrillt
grille-pain, le [gʀijpɛ̃] der Toaster
gris(e) [gʀi(z)] grau
gros (grosse) [gʀo(s)] dick
guide touristique, le [gidtuʀistik] der Reiseführer
gynécologue, le, la [ʒinekɔlɔg] der (die) Frauenarzt (-ärztin)

H

habiter [abite] wohnen
haie, la [ˊɛ] die Hecke
hamburger, le [ˊɑ̃bœʀgœʀ] der Hamburger
hanche, la [ˊɑ̃ʃ] die Hüfte
handicapé(e) [ˊɑ̃dikape] behindert
handicapé(e), l' *m(f)* [ˊɑ̃dikape] der (die) Behinderte
haricot, le [ˊaʀiko] die Bohne
haricot rouge, le [ˊaʀikoʀuʒ] die Kidneybohne
haut [ˊo] hoch
haut-parleur, le [ˊopaʀlœʀ] der Lautsprecher
hectare, l' *m* [ɛktaʀ] der/das Hektar
hématome, l' *m* [ematom] der Bluterguss
heure, l' *f* [œʀ] die Stunde
heures de visite, les *pl* [œʀdəvizit] die Besuchszeiten *pl*
heures d'ouverture, les *pl* [œʀduvɛʀtyʀ] die Öffnungszeiten *pl*
hier [jɛʀ] gestern
hiver, l' *m* [ivɛʀ] der Winter
homard, le [ˊɔmaʀ] der Hummer
homme, l' *m* [ɔm] der Mann, der Mensch
horaire, l' *m* [ɔʀɛʀ] der Fahrplan
hospitalisé(e) [ɔspitalize] stationär
hôtel, l' *m* [otɛl] das Hotel
hôtel de ville, l' *m* [otɛldəvil] das Rathaus
hôtesse, l' *f* [otɛs] die Flugbegleiterin
huile, l' *f* [ɥil] das Öl
huit [ˊɥit] acht
huître, l' *f* [ɥitʀ] die Auster

I

il [il] er
île, l' *f* [il] die Insel
ils (elles) [il, ɛl] sie (*3 Ps. Pl*)
immeuble, l' *m* [imœbl] das Hochhaus
imperméable, l' *m* [ɛ̃pɛʀmeabl] der Regenmantel
imprimante, l' *f* [ɛ̃pʀimɑ̃t] der Drucker
(in)satisfait(e) [(ɛ̃)satisfɛ(t)] (un) zufrieden
incendie, l' *m* [ɛ̃sɑ̃di] der Brand
inconscient(e) [ɛ̃kɔ̃sjɑ̃(t)] bewusstlos
index, l' *m* [ɛ̃dɛks] der Zeigefinger
infarctus, l' *m* [ɛ̃faʀktys] der Herzinfarkt
infection, l' *f* [ɛ̃fɛksjɔ̃] der Infekt
infirmier, l' *m* [ɛ̃fiʀmje] der Pfleger
infirmière, l' *f* [ɛ̃fiʀmjɛʀ] die Krankenschwester
inflammation, l' *f* [ɛ̃flamasjɔ̃] die Entzündung
insecte, l' *m* [ɛ̃sɛkt] das Insekt

insolation, l' *f* [ɛ̃sɔlasjɔ̃] der Sonnenstich
inspirer à fond [ɛ̃spiʀeafɔ̃] tief einatmen
instrument, l' *m* [ɛ̃stʀymɑ̃] das Instrument
interdiction de stationner, l' *f* [ɛ̃tɛʀdiksˈjɔ̃d(ə)stasjɔˈne] das Halteverbot
intérêts, les *pl* [ɛ̃teʀɛ] die Zinsen *pl*
intestin, l' *m* [ɛ̃tɛstɛ̃] der Darm
inviter [ɛ̃vite] einladen

J

jaloux (-ouse) [ʒalu(z)] eifersüchtig
jamais [ʒamɛ] niemals
jambe, la [ʒɑ̃b] das Bein
jambon, le [ʒɑ̃bɔ̃] der Schinken
janvier [ʒɑ̃vje] der Januar
jardin, le [ʒaʀdɛ̃] der Garten
jardinage, le [ʒaʀdinaʒ] die Gartenarbeit
jaune [ʒon] gelb
je [ʒə] ich
jean, le [dʒin] die Jeans *meist pl*
jeter [ʒ(ə)te] wegwerfen
jeu vidéo, le [ʒøvideo] das Computerspiel
jeudi, le [ʒødi] der Donnerstag
jeune [ʒœn] jung
(jeune) fille, la [(ʒœn)fij] das Mädchen
(jeune) garçon, le [(ʒœn)gaʀsɔ̃] der Junge
joli(e) [ʒɔli] hübsch
joue, la [ʒu] die Wange
jouet, le [ʒwɛ] das Spielzeug
jour, le [ʒuʀ] der Tag
jour de semaine, le [ʒuʀdəs(ə)mɛn] der Wochentag
jour férié, le [ʒuʀfeʀje] der Feiertag
journal, le [ʒuʀnal] die Zeitung
juillet [ʒɥijɛ] der Juli
juin [ʒɥɛ̃] der Juni
jumeaux (jumelles), les *pl* [ʒymo, ʒymɛl] die Zwillinge *pl*
jupe, la [ʒyp] der Rock
jus, le [ʒy] der Saft
jus de pomme, le [ʒyd(ə)pɔm] der Apfelsaft
jus de pomme coupé d'eau gazeuse, le [ʒyd(ə)pɔmkupedogɑzøz] die Schorle
jus d'orange, le [ʒydɔʀɑ̃ʒ] der Orangensaft

K

kébab, le [kebab] der Döner
ketchup, le [kɛtʃœp] der/das Ketchup
kilo, le [kilo] das Kilo
kilogramme, le [kilɔgʀam] das Kilogramm
kilomètre, le [kilɔmɛtʀ] der Kilometer
kiosque, le [kjɔsk] der Kiosk
kiwi, le [kiwi] die Kiwi

L

lac, le [lak] der See
lacet, le [lasɛ] der Schnürsenkel
laid(e) [lɛ(d)] hässlich
laine, la [lɛn] die Wolle
lait, le [lɛ] die Milch
lait battu, le [lɛbaty] der Milchschaum
lame de rasoir, la [lamdəʀɑzwaʀ] die Rasierklinge
lampe, la [lɑ̃p] die Lampe
langage gestuel, le [lɑ̃gaʒʒɛstɥɛl] die Gebärdensprache
langue, la [lɑ̃g] die Zunge
langue étrangère, la [lɑ̃getʀɑ̃ʒɛʀ] die Fremdsprache
laque, la [lak] der/das Haarspray
large [laʀʒ] weit
lasagnes, les *pl* [lazaɲ] die Lasagne
latte macchiato, le [latemakjato] der/die Latte macchiato
lavabo, le [lavabo] das Waschbecken
laver [lave] abwaschen
laver (le linge) [lave(ləlɛ̃ʒ)] waschen (*Wäsche*)
lave-vaisselle, le [lavvɛsɛl] die Spülmaschine
lecteur de MP3, le [lɛktœʀdəɛmpetʀwɑ] der MP3-Player
légume surgelé, le [legymsyʀʒəle] das Tiefkühlgemüse
légumes secs, les *pl* [legymsɛk] die Hülsenfrüchte *pl*
lentement [lɑ̃tmɑ̃] langsam
lentille, la [lɑ̃tij] die Linse
les deux [ledø] beide
lessive, la [lesiv] das Waschmittel
à l'est [alɛst] östlich
leur [lœʀ] ihr(e) (*3. Ps, Pl*)
lever du soleil, le [l(ə)vedysɔlɛj] der Sonnenaufgang
lèvre, la [lɛvʀ] die Lippe
levure, la [l(ə)vyʀ] die Hefe
librairie, la [libʀeʀi] der Buchladen

ligne, la [liɲ] die Leitung
lime à ongles, la [limaɔ̃gl] die Nagelfeile
limonade, la [limɔnad] die Limonade
lin, le [lɛ̃] das Leinen
lingette humide, la [lɛ̃ʒɛtymid] das Feuchttuch
liqueur, la [likœʀ] der Likör
lire [liʀ] lesen
liste des achats, la [listdezaʃa] die Einkaufsliste
lit, le [li] das Bett
lit d'enfant, le [lidɑ̃fɑ̃] das Kinderbett
litre, le [litʀ] der/das Liter
livre, le [livʀ] das Buch
livre, la [livʀ] das Pfund
livre de cuisine, le [livʀdəkɥizin] das Kochbuch
location de vacances, la [lɔkasjɔ̃d(ə) vakɑ̃s] die Ferienwohnung
lotion corporelle, la [losjɔ̃kɔʀpɔʀɛl] die Bodylotion
lotte, la [lɔt] der Seeteufel
à l'ouest [alwɛst] westlich
lundi, le [lœ̃di] der Montag
lune, la [lyn] der Mond
lunettes, les *pl* [lynɛt] die Brille
lunettes de ski, les *pl* [lynɛtdəski] die Skibrille
lunettes de soleil, les *pl* [lynɛtdəsɔlɛj] die Sonnenbrille
luxé(e) [lykse] verrenkt

M

mâche, la [mɑʃ] der Feldsalat
mâcher [mɑʃe] kauen
machine à laver, la [maʃinalave] die Waschmaschine
mâchoire, la [mɑʃwaʀ] der Kiefer
Madame ... [madam] Frau ...
magasin, le [magazɛ̃bjo] der Laden, das Geschäft
magazine, le [magazin] die Zeitschrift
magazine de jeux, devinettes, mots croisés, le [maga'zind(ə)ʒød(ə) vi'nɛtmokʀwa'ze] das Rätselheft
mai [mɛ] der Mai
maigre [mɛgʀ] mager (*Fleisch*)
maillot de bain, le [majod(ə)bɛ̃] der Badeanzug
main, la [mɛ̃] die Hand
maintenant [mɛ̃t(ə)nɑ̃] jetzt
maints (maintes) [mɛ̃(t)] manche
mais [mɛ] aber, sondern
maïs, le [mais] der Mais
maison, la [mɛzɔ̃] das Haus
majeur, le [maʒœʀ] der Mittelfinger
mal, le [mal] der Schmerz
malade [malad] krank
malentendant(e) [malɑ̃tɑ̃dɑ̃(t)] hörgeschädigt
malgré [malgʀe] trotz
malvoyant(e) [malvwajɑ̃(t)] sehbehindert
manche, la [mɑ̃ʃ] der Ärmel
mandarine, la [mɑ̃daʀin] die Mandarine
manger [mɑ̃ʒe] essen
mangue, la [mɑ̃g] die Mango
manique, la [manik] der Topflappen
manteau, le [mɑ̃to] der Mantel
maquereau, le [makʀo] die Makrele
maquillage, le [makijaʒ] das Make-up
marchand(e), le, la *m(f)* [maʀʃɑ̃(d)] der (die) Marktverkäufer(in)
marchandise, la [maʀʃɑ̃diz] die Ware
marché, le [maʀʃe] der Markt
marcher [maʀʃe] gehen
mardi, le [maʀdi] der Dienstag
margarine, la [maʀgaʀin] die Margarine
mari, le [maʀi] der (Ehe-)Mann
mariage, le [maʀjaʒ] die Ehe
marron [maʀɔ̃] braun
mars [maʀs] der März
marteau, le [maʀto] der Hammer
marteler [maʀtəle] hämmern
mascara, le [maskaʀa] die Wimperntusche
masculin(e) [maskylɛ̃, in] männlich
massage cardiaque, le [masaʒkaʀdjak] die Herzdruckmassage
matin, le [matɛ̃] der Morgen, der Vormittag
mauvais(e) [movɛ(z)] schlecht
maux de tête, les *pl* [modətɛt] die Kopfschmerzen *pl*
mayonnaise, la [majɔnɛz] die Mayonnaise
médecin, le [medsɛ̃] der (die) Arzt (Ärztin)
médecin de famille, le [medsɛ̃d(ə) famij] der (die) Hausarzt (-ärztin)
médecin urgentiste, le [medsɛ̃yʀʒɑ̃tist] der (die) Notarzt (-ärztin)
médias sociaux, les *pl* [medjasɔsjo] die Sozialen Medien *pl*
médicament, le [medikamɑ̃] das Medikament
meilleur(e) [mɛjœʀ] besser

meilleur ami (meilleure amie), le, la [mɛjœʀami] der (die) beste Freund(in)
mélanger [melɑ̃ʒe] vermengen
melon, le [m(ə)lɔ̃] die Melone
menton, le [mɑ̃tɔ̃] das Kinn
menu, le [məny] die Speisekarte
mer, la [mɛʀ] das Meer
mercredi, le [mɛʀkʀədi] der Mittwoch
mère, la [mɛʀ] die Mutter (*Frau*)
mètre, le [mɛtʀ] der/das Meter
mètre carré, le [mɛtʀkaʀe] der/das Quadratmeter
métro, le [metʀo] die U-Bahn
mettre [mɛtʀ] anziehen
mettre en doute [mɛtʀɑ̃dut] bezweifeln
mettre la table [mɛtʀlatabl] decken (*den Tisch*)
meurtre, le [mœʀtʀ] der Mord
miche, la [miʃ] der Laib
à midi [amidi] mittags
midi, (le) [midi] der Mittag
midi [midi] zwölf Uhr
miel, le [mjɛl] der Honig
mieux [mjø] besser
mieux, le [ləmjø] am besten
migraine, la [migʀɛn] die Migräne
milieu, le [miljø] die Mitte
mille, le [mil] die Meile
millilitre, le [mililitʀ] der/das Milliliter
millimètre, le [milimɛtʀ] der/das Millimeter
mince [mɛ̃s] schlank
minuit, (la) [minɥi] die Mitternacht
minute, la [minyt] die Minute
miroir, le [miʀwaʀ] der Spiegel
mixeur, le [miksœʀ] der Mixer
à mobilité réduite [amɔbiliteʀedɥit] gehbehindert
moins [mwɛ̃] minus
moisi(e) [mwazi] verschimmelt
mollet, le [mɔlɛ] die Wade
mon (ma) [mɔ̃ (ma)] mein(e)
monnaie, la [mɔnɛ] das Kleingeld
monnaie, la [mɔnɛ] das Wechselgeld
Monsieur ... [məsjø] Herr ...
montagne, la [mɔ̃taɲ] der Berg, das Gebirge
montre, la [mɔ̃tʀ] die Uhr
monument (commémoratif), le [mɔnymɑ̃(kɔmemɔʀatif)] das Denkmal
morsure, la [mɔʀsyʀ] der Biss
mort, la [mɔʀ] der Tod
mort(e) [mɔʀ(t)] tot
mort(e), le, la [mɔʀ(t)] der (die) Tote
mot de passe, le [mod(ə)pɑs] das Password
moto(cyclette), la [moto(siklɛt)] das Motorrad
mouchoir en papier, le [muʃwaʀɑ̃papje] das Papiertaschentuch
moule, la [mul] die Miesmuschel
mourir [muʀiʀ] sterben
mousse à raser, la [musaʀɑze] der Rasierschaum
mousse au chocolat, la [musoʃɔkɔla] das Mousse
moustache, la [mustaʃ] der Schnurrbart
moutarde, la [mutaʀd] der Senf
muet(te) [mɥɛ(t)] stumm
muffin, le [mœfin] der Muffin
multicolore [myltikolɔʀ] bunt
multiple [myltipl] mehrfach/vielfach
multiplié (par) [myltiplije(paʀ)] mal
mûr(e) [myʀ] reif
mûre, la [myʀ] die Brombeere
mûri(e) au soleil [myʀiosɔlɛj] sonnengereift
muscle, le [myskl] der Muskel
musée, le [myze] das Museum
musique, la [myzik] die Musik
myrtille, la [miʀtij] die Heidelbeere

N

nager [naʒe] schwimmen
naissance, la [nɛsɑ̃s] die Geburt
nappe, la [nap] die Tischdecke
nationalité, la [nasjɔnalite] die Nationalität
nausée, la [noze] die Übelkeit
nectarine, la [nɛktaʀin] die Nektarine
neige, la [nɛʒ] der Schnee
neiger [neʒe] schneien
nerveux (-euse) [nɛʀvø(z)] nervös
nettoyer [netwaje] putzen
neuf [nœf] neun
neveu, le [n(ə)vø] der Neffe
nez, le [ne] die Nase
nièce, la [njɛs] die Nichte
n'importe qui [nɛ̃pɔʀtki] irgendjemand
n'importe quoi [nɛ̃pɔʀtkwa] irgendetwas
noir(e) [nwaʀ] schwarz
noix, la [nwa] die Nuss
nom, le [nɔ̃] der Name
nom de famille, le [nɔ̃d(ə)famij] der Nachname
nom de jeune fille, le [nɔ̃d(ə)ʒœnfij] der Mädchenname
non rasé(e) [nɔ̃ʀɑze] unrasiert

non-hospitalisé(e) [nɔnɔspitalize] ambulant
nord, le [nɔʀ] der Norden
notice, la [nɔtis] der Beipackzettel
notre [nɔtʀ] unser(e)
nourrisson, le [nuʀisɔ̃] der Säugling
nous [nu] wir
novembre [nɔvɑ̃bʀ] der November
nuage, le [nɥaʒ] die Wolke
nuit, la [nɥi] die Nacht
numéro d'appel d'urgence, le [nyme'ʀodapɛldyʀ'ʒɑ̃s] die Notrufnummer
numéro de compte, le [nymeʀod(ə)kɔ̃t] die Kontonummer
numéro de portable, le [nymeʀod(ə)pɔʀtabl] die Handynummer
numéro de téléphone, le [nymeʀod(ə)telefɔn] die Telefonnummer
nuque, la [nyk] der Nacken
nylon®, le [nilɔ̃] das Nylon®

O

objectif, l' *m* [ɔbʒɛktif] das Objektiv
octobre [ɔktɔbʀ] der Oktober
œil, l' *m* [œj] das Auge
œsophage, l' *m* [ezɔfaʒ] die Speiseröhre
œuf, l' *m* [œf] das Ei
œuf au plat, l' *m* [œfopla] das Spiegelei
œuf brouillé, l' *m* [œfbʀuje] das Rührei
office de tourisme, l' *m* [ɔfisd(ə)tuʀism] die Touristeninformation
offre spéciale, l' *f* [ɔfʀ(ə)spesjal] das Sonderangebot
oie, l' *f* [wa] die Gans
oignon, l' *m* [ɔɲɔ̃] die Zwiebel
oiseau, l' *m* [wazo] der Vogel
olive, l' *f* [ɔliv] die Olive
omelette, l' *f* [ɔmlɛt] das Omelett
on [ɔ̃] man
once, l' *f* [ɔ̃s] die Unze
oncle, l' *m* [ɔ̃kl] der Onkel
ongle, l' *m* [ɔ̃gl] der Nagel (*am Finger*)
onze [ɔ̃z] elf
opéra, l' *m* [ɔpeʀa] die Oper
opération, l' *f* [ɔpeʀasjɔ̃] die Operation
opérer [ɔpeʀe] operieren
orage, l' *m* [ɔʀaʒ] das Gewitter
orange, l' *f* [ɔʀɑ̃ʒ] die Orange
orange [ɔʀɑ̃ʒ] orange
ordinateur, l' *m* [ɔʀdinatœʀ] der Computer
ordinateur portable, l' *m* [ɔʀdinatœʀpɔʀtabl] der/das Laptop
ordonnance, l' *f* [ɔʀdɔnɑ̃s] das Rezept (*vom Arzt*)
oreille, l' *f* [ɔʀɛj] das Ohr
oreiller, l' *m* [ɔʀeje] das Kissen
organe, l' *m* [ɔʀgan] das Organ
organe sexuel, l' *m* [ɔʀgansɛksɥɛl] das Geschlechtsorgan
orteil, l' *m* [ɔʀtɛj] der Zeh
os, l' *m* [ɔs] der Knochen
oto-rhino-laryngologiste, l' *m, f* [ɔtɔʀinolaʀɛ̃gɔlɔʒist] der (die) Hals-Nasen-Ohrenarzt (-ärztin)
ou [u] oder
où [u] wo
ouest, l' *m* [wɛst] der Westen
ourson en gomme gélifiée, l' *m* [uʀsɔ̃ɑ̃gɔmʒelifje] das Gummibärchen
outil, l' *m* [uti] das Werkzeug
ovale [ɔval] oval

P

pacemaker, le [pɛsmɛkœʀ] der Herzschrittmacher
PACS, le [paks] die eingetragene Lebenspartnerschaft
pain blanc, le [pɛ̃blɑ̃] das helle Brot
pain complet, le [pɛ̃kɔ̃plɛ] das dunkle Brot
pamplemousse, le [pɑ̃pləmus] die Grapefruit
pancréas, le [pɑ̃kʀeɑs] die Bauchspeicheldrüse
pané(e) [pane] paniert
panier d'achat, le [panjedaʃa] der Einkaufskorb
panne, la [pan] die Panne
panne de moteur, la [pandəmɔtœʀ] der Motorschaden
panneau, le [pano] das Schild
pansement, le [pɑ̃smɑ̃] der Verband
pantalon, le [pɑ̃talɔ̃] die Hose
pantalon de jogging, le [pɑ̃talɔ̃də(d) ʒɔgiŋ] die Jogginghose
pantalon de ski, le [pɑ̃talɔ̃d(ə)ski] die Skihose
pantalon de trekking, le [pɑ̃talɔ̃dətʀekiŋ] die Trekkinghose
papier hygiénique, le [papjeiʒjenik] das Toilettenpapier
parapluie, le [paʀaplɥi] der Regenschirm
parasol, le [paʀasɔl] der Sonnenschirm

parc (à bébé), le [paʀk(abebe)] der Laufstall
parce que [paʀskə] weil
pardonner [paʀdɔne] verzeihen
parent(e), le, la [paʀɑ̃(t)] der (die) Verwandte
parents, les *pl* [paʀɑ̃] die Eltern *pl*
parking, le [paʀkiŋ] der Parkplatz
parking couvert, le [paʀkiŋkuvɛʀ] das Parkhaus
parler [paʀle] sprechen
parquet, le [paʀkɛ] das Parkett
partenaire, le, la [paʀtənɛʀ] der (die) Partner(in)
partir [paʀtiʀ] abfahren
pas de [pɑdə] keine(r, s)
passeport, le [pɑspɔʀ] der Reisepass
passer l'aspirateur [pɑselaspiʀatœʀ] saugen
patate douce, la [patat(ə)dus] die Süßkartoffel
pâté de foie, le [pɑtedfwa] die Leberwurst
pâtes, les *pl* [pɑt] die Nudeln *pl*
patient(e), le, la [pasjɑ̃(t)] der (die) Patient(in)
payer [peje] bezahlen
payer en liquide [pejeɑ̃likid] bar bezahlen
payer par carte [pejepaʀkaʀt] mit Karte bezahlen
paysage, le [peizaʒ] die Landschaft
peau, la [po] die Haut
pêche, la [pɛʃ] der Pfirsich
pêcher [peʃe] angeln
pédiatre, le, la [pedjatʀ] der (die) Kinderarzt (-ärztin)
peigne, le [pɛɲ] der Kamm
peindre [pɛ̃dʀ] malen
pelle à ordures, la [pɛlaɔʀdyʀ] die Kehrschaufel
pelouse, la [p(ə)luz] der Rasen
pendant [pɑ̃dɑ̃] indem; während
pendentif, le [pɑ̃dɑ̃tif] der Anhänger
pénis, le [penis] der Penis
pennes, les *pl* [pen] die Penne *pl*
penser [pɑ̃se] denken; meinen
pension, la [pɑ̃sjɔ̃] die Pension
pension complète, la [pɑ̃sjɔ̃kɔ̃plɛt] die Vollpension
percer [pɛʀse] bohren
perceuse, la [pɛʀsøz] der Bohrer
père, le [pɛʀ] der Vater
perfusion, la [pɛʀfyzjɔ̃] die Infusion
périmé(e) [peʀime] abgelaufen
perle, la [pɛʀl] die Perle
permis de conduire, le [pɛʀmid(ə)kɔ̃dɥiʀ] der Führerschein
persil, le [pɛʀsi] die Petersilie
persil tubéreux, le [pɛʀsitybeʀø] die Wurzelpetersilie
personne [pɛʀsɔn] niemand
peser [pəze] abwiegen
petit(e) [p(ə)ti(t)] klein
petit-déjeuner, le [p(ə)tideʒœne] das Frühstück
petit pain, le [p(ə)tipɛ̃] das Brötchen
petite cuillère, la [p(ə)titkɥijɛʀ] der Teelöffel
petit-fils (petite-fille), le, la [p(ə)tifis, p(ə)titfij] der (die) Enkel(in)
pétoncle, le [petɔ̃kl] die Kammmuschel
peu (de) [pø(də)] wenige
pharmacie, la [faʀmasi] die Apotheke
pharmacien(ne), le, la [faʀmasjɛ̃, ɛn] der (die) Apotheker(in)
pièce, la [pjɛs] die Münze, das Zimmer
pied, le [pje] der Fuß, das Stativ
piercing, le [piʀsiŋ] das Piercing
piéton(ne), le, la [pjetɔ̃, ɔn] der (die) Fußgänger(in)
pilote, le, la [pilɔt] der (die) Pilot(in)
pils, la [pils] das Pils
pilule anticontraceptive, la [pilylkɔ̃tʀasɛptiv] die Antibabypille
pilule du lendemain, la [pilyldylɑ̃dmɛ̃] die Pille danach
pince à linge, la [pɛ̃salɛ̃ʒ] die Wäscheklammer
pince universelle, la [pɛ̃synivɛʀsɛl] die Kombizange
pipe, la [pip] die Pfeife
piqûre, la [pikyʀ] die Spritze, der Stich
piscine, la [pisin] das Schwimmbad
piste cyclable, la [pistsiklabl] der Fahrradweg
pizza, la [pidza] die Pizza
place, la [plas] der Platz
plage, la [plaʒ] der Strand
plaie, la [plɛ] die Wunde
plan de la ville, le [plɑ̃d(ə)lavil] der Stadtplan
planche à découper, la [plɑ̃ʃadekupe] das Schneidebrett
planche à repasser, la [plɑ̃ʃaʀ(ə)pɑse] das Bügelbrett
planète, la [planɛt] der Planet
plante, la [plɑ̃t] die Pflanze
plat(e) [pla(t)] flach
plat cuisiné, le [plakɥizine] das Fertiggericht
plat principal, le [plapʀɛ̃sipal] die Hauptspeise
plateau, le [plato] das Tablett
plate-bande, la [platbɑ̃d] das Beet

plâtre, le [platʀ] der Gips
pleurer [plœʀe] weinen
pleuvoir [pløvwaʀ] regnen
plombage, le [plɔ̃baʒ] die Füllung
pluie, la [plɥi] der Regen
plus [plys] plus
plus … plus [ply(s) … ply(s)] je … desto
plus tard [plytaʀ] später
plus tôt [plyto] früher
plusieurs fois [plyzjœʀfwa] mehrmals
poche, la [pɔʃ] die Tasche *(an der Kleidung)*
poche des eaux, la [pɔʃdezo] die Fruchtblase
pochette, la [pɔʃɛt] die Tüte
poêle, la [pwal] die Pfanne
poignet, le [pwaɲɛ] das Handgelenk
pointu(e) [pwɛ̃ty] spitz
pointure, la [pwɛ̃tyʀ] die Schuhgröße
poire, la [pwaʀ] die Birne
poireau, le [pwaʀo] der Lauch
pois, le [pwa] die Erbse
pois chiche, le [pwaʃiʃ] die Kichererbse
poisson, le [pwasɔ̃] der Fisch
poissonnerie, la [pwasɔnʀi] der Fischladen
poitrine, la [pwatʀin] die Brust
poivre, le [pwavʀ] der Pfeffer
poivron, le [pwavʀɔ̃] die Paprika (Schote)
police, la [pɔlis] die Polizei
policier (-ière), le, la [pɔlisje, ɛʀ] der (die) Polizist(in)
polyester, le [pɔliɛstɛʀ] das Polyester
pommade, la [pɔmad] die Salbe
pomme, la [pɔm] der Apfel
pomme de terre, la [pɔmdətɛʀ] die Kartoffel
(pommes de terre) frites, les *pl* [(pɔmdətɛʀ)fʀit] die Pommes frites *pl*
pompier (-ière), le, la [pɔ̃pje, ɛʀ] der (die) Feuerwehrmann (-frau)
pompiers, les *pl* [pɔ̃pje] die Feuerwehr
pont, le [pɔ̃] die Brücke
pop-corn, le [pɔpkɔʀn] das Popcorn
porte, la [pɔʀt] das Gate
porte, la [pɔʀt] die Tür
porter [pɔʀte] tragen
pot-au-feu, le [pɔtofø] der Eintopf
poubelle, la [pubɛl] der Mülleimer
pouce, le [pus] der Daumen
poulet, le [pulɛ] das Hähnchen
pouls, le [pu] der Puls
poumon, le [pumɔ̃] die Lunge
pour [puʀ] für
pourboire, le [puʀbwaʀ] das Trinkgeld
pourquoi [puʀkwa] warum
pourri(e) [puʀi] faulig
pousser [puse] pressen
pratiquer la respiration artificielle [pʀatiˈkelaʀɛspiʀaˈsjɔ̃aʀtifiˈsjɛl] beatmen
préférence, la [pʀefeʀɑ̃s] die Vorliebe
premier (-ière) [pʀəmje, ɛʀ] erste(r, s)
première/seconde classe, la [pʀəmjɛʀ/s(ə)gɔ̃dklɑs] die 1./2. Klasse
prénom, le [pʀenɔ̃] der Vorname
préparer [pʀepaʀe] zubereiten
près [pʀɛ] nah
prescrire [pʀɛskʀiʀ] verschreiben
préservatif, le [pʀezɛʀvatif] das Kondom
printemps, le [pʀɛ̃tɑ̃] der Frühling
prise, la [pʀiz] der Stecker
prise (de courant), la [pʀiz(dəkuʀɑ̃)] die Steckdose
prison, la [pʀizɔ̃] das Gefängnis
prix, le [pʀi] der Preis
produit d'entretien, le [pʀɔdɥidɑ̃tʀətjɛ̃] das Putzmittel
produit pour la vaisselle, le [pʀɔdɥipuʀlavɛsɛl] das Spülmittel
protège-slip, le [pʀɔtɛʒslip] die Slipeinlage
prothèse, la [pʀɔtɛz] die Prothese
prothèse dentaire, la [pʀɔtɛzdɑ̃tɛʀ] der Zahnersatz
prune, la [pʀyn] die Pflaume
pull-over, le [pylɔvɛʀ] der Pullover
punaise, la [pynɛz] die Reißzwecke
pyjama, le [piʒama] der Schlafanzug

Q

quand [kɑ̃] wann
quarante [kaʀɑ̃t] vierzig
quart d'heure, le [kaʀdœʀ] die Viertelstunde
quartier, le [kaʀtje] der Stadtteil
quatorze [katɔʀz] vierzehn
quatorze heures [katɔʀzœʀ] vierzehn Uhr
quatre [katʀ(ə)] vier
quatre-vingt-dix [katʀəvɛ̃dis] neunzig
quatre-vingts [katʀəvɛ̃] achtzig
quatrième [katʀijɛm] vierte(r, s)
que [kə] dass
quel(le) [kɛl] welche(r, s)
quelque chose [kɛlkʃoz] etwas
quelquefois [kɛlkəfwa] manchmal
quelques [kɛlk] ein paar
quelques-uns (-unes) [kɛlkzœ̃, yn] einige
quelqu'un [kɛlkœ̃] jemand

queue (d'attente), la [kø(datɑ̃t)] die Warteschlange
queue de cheval, la [kødəʃ(ə)val] der Pferdeschwanz
qui [ki] wen, wer
qui a le vertige [kialvɛʀtiʒ] schwindelig
qui laisse passer l'air [kilɛspɑselɛʀ] atmungsaktiv
quinze [kɛ̃z] fünfzehn
quoi [kwa] was
quotidien(ne) [kɔtidjɛ̃, ɛn] täglich

R

radio, la [ʀadjo] das Radio
radiographier [ʀadjɔgʀafje] röntgen
radis, le [ʀadi] das Radieschen
raisin, le [ʀɛzɛ̃] die Weintraube
raisin sec, le [ʀɛzɛ̃sɛk] die Rosine
rallonge, la [ʀalɔ̃ʒ] das Verlängerungskabel
ranimer [ʀanime] wiederbeleben
rapport sexuel, le [ʀapɔʀsɛksɥɛl] der Geschlechtsverkehr
rasoir électrique, le [ʀɑzwaʀelɛktʀik] der Rasierapparat
rasoir jetable, le [ʀɑzwaʀʒ(ə)tabl] der Einwegrasierer
rassasié(e) [ʀasazje] satt
rate, la [ʀat] die Milz
rayon, le [ʀɛjɔ̃] die Abteilung, das Regal
rayures [aʀɛjyʀ] gestreift
recette, la [ʀ(ə)sɛt] das Rezept (*kochen*)
rêche [ʀɛʃ] kratzig
recherches, les *pl* [ʀ(ə)ʃɛʀʃ] die Fahndung
rectangulaire [ʀɛktɑ̃gylɛʀ] viereckig
reçu, le [ʀ(ə)sy] die Quittung
réfrigérateur, le [ʀefʀiʒeʀatœʀ] der Kühlschrank
refroidissement, le [ʀ(ə)fʀwadismɑ̃] die Erkältung
refuser [ʀ(ə)fyze] ablehnen
régional(e) [ʀeʒjɔnal] regional
règle, la [ʀɛgl] das Lineal
règles, les *pl* [ʀɛgl] die Menstruation
réglisse, la [ʀeglis] die Lakritze
regretter [ʀ(ə)gʀete] bedauern, bereuen
rein, le [ʀɛ̃] die Niere
remerciement, le [ʀ(ə)mɛʀsimɑ̃] der Dank
remercier [ʀ(ə)mɛʀsje] sich bedanken
remorquer [ʀ(ə)mɔʀke] abschleppen
remuer [ʀəmɥe] umrühren
rendez-vous, le [ʀɑ̃devu] das Date, der Termin
repas, le [ʀ(ə)pɑ] das Essen
repasser [ʀ(ə)pɑse] bügeln
répéter [ʀepete] wiederholen
reptile, le [ʀɛptil] das Reptil
réserver [ʀezɛʀve] buchen, reservieren
respirer [ʀɛspiʀe] atmen
restaurant, le [ʀɛstɔʀɑ̃] das Restaurant
restauration rapide, la [ʀɛstɔʀasjɔ̃ʀapid] das Fastfood
retard, le [ʀ(ə)taʀ] die Verspätung
retirer de l'argent [ʀ(ə)tiʀed(ə)laʀʒɑ̃] Geld abheben
retraité(e), le, la [ʀ(ə)tʀɛte] der (die) Rentner(in)
rez-de-chaussée, le [ʀed(ə)ʃose] das Erdgeschoss
rhubarbe, la [ʀybaʀb] der Rhabarber
rhum, le [ʀɔm] der Rum
rhume, le [ʀym] der Schnupfen
rhume des foins, le [ʀymdefwɛ̃] der Heuschnupfen
rideau, le [ʀido] der Vorhang
rigatonis, les *pl* [ʀigatɔni] die Rigatoni *pl*
rivière, la [ʀivjɛʀ] der Fluss
riz, le [ʀi] der Reis
robe, la [ʀɔb] das Kleid
robinet, le [ʀɔbinɛ] der Wasserhahn
rond(e) [ʀɔ̃(d)] rund
rond-point, le [ʀɔ̃pwɛ̃] der Kreisverkehr
roquette, la [ʀɔkɛt] der Rucola
rose [ʀoz] rosa
rôti, le [ʀoti] der Braten
rôti(e) [ʀoti] gebraten
rôti de porc, le [ʀotid(ə)pɔʀ] der Schweinebraten
rôtir [ʀotiʀ] braten
roue de secours, la [ʀudəs(ə)kuʀ] das Ersatzrad
rouge [ʀuʒ] rot
rouge à joues, le [ʀuʒaʒu] das Rouge
rouge à lèvres, le [ʀuʒalɛvʀ] der Lippenstift
route, la [ʀut] die Straße (Land)
route départementale, la [ʀutdepaʀtmɑ̃tal] die Landstraße
roux (rousse) [ʀu, ʀus] rothaarig
rue, la [ʀy] die Straße (*Stadt*)
ruine, la [ʀɥin] die Ruine

S

sac, le [sak] die Tasche (*Tragetasche*)
sac à dos, le [sakado] der Rucksack
sac à main, le [sakamɛ̃] die Handtasche
sac de voyage, le [sakdəvwajaʒ] die Reisetasche
sac poubelle, le [sakpubɛl] der Müllbeutel

sachet de thé, le [saʃɛdəte] der Teebeutel
sage-femme, la [saʒfam] die Hebamme
saignant(e) [sɛɲɑ̃(t)] blutig
saignement de nez, le [sɛɲmɑ̃d(ə)ne] das Nasenbluten
saigner [seɲe] bluten
sain(e) [sɛ̃, sɛn] gesund
saisonnier (-ière) [sɛzɔnje, ɛʀ] saisonal
salade, la [salad] der Salat
salade d'accompagnement, la [saladdakɔ̃paɲmɑ̃] der Beilagensalat
salade de fruits, la [saladdəfʀɥi] der Obstsalat
salade de pommes de terre, la [saladdəpɔmdətɛʀ] der Kartoffelsalat
sale [sal] schmutzig
salé(e) [sale] salzig
salle à manger, la [salamɑ̃ʒe] das Esszimmer
salle d'attente, la [saldatɑ̃t] das Wartezimmer
salle de bains, la [saldəbɛ̃] das Badezimmer
salle de séjour, la [saldəseʒuʀ] das Wohnzimmer
salle de travail, la [saldətʀavaj] der Kreißsaal
salle d'opération, la [saldɔpeʀasjɔ̃] der Operationssaal
salmonelles, les *pl* [salmɔnɛl] die Salmonellen *pl*
samedi, le [samdi] der Samstag
sandale, la [sɑ̃dal] die Sandale
sandre, le [sɑ̃dʀ] der Zander
sang, le [sɑ̃] das Blut
sans [sɑ̃] ohne
sans alcool [sɑ̃zalkɔl] alkoholfrei
sans gluten [sɑ̃glytɛn] glutenfrei
sans lactose [sɑ̃laktoz] laktosefrei
sans œufs [sɑ̃zø] ohne Eier
sans sucre [sɑ̃sykʀ] zuckerfrei
sauce, la [sos] die Soße
sauce de salade, la [sosdəsalad] das Dressing
saucisse, la [sosis] das Würstchen
saucisson, le [sosisɔ̃] die Salami
saumon, le [somɔ̃] der Lachs
sauvegarder [sovgaʀde] speichern
sauver [sove] retten
sauveteur, le [sov(ə)tœʀ] der (die) Rettungsschwimmer(in)
savon, le [savɔ̃] die Seife
savoureux (-euse) [savuʀø(z)] köstlich
scanner [skane] scannen
scellé(e) [sele] eingeschweißt
scie, la [si] die Säge
scier [sje] sägen
scotch®, le [skɔtʃ] der Tesafilm®
se baigner [səbeɲe] baden
se brosser les dents [səbʀɔseledɑ̃] sich die Zähne putzen
se coiffer [səkwafe] sich kämmen
se déshabiller [sədezabije] sich freimachen
se disputer [s(ə)dispyte] streiten
se donner rendez-vous [s(ə)dɔˈneʀɑ̃deˈvu] sich verabreden
se doucher [səduʃe] sich duschen
se faire enregistrer [s(ə)fɛʀɑ̃ʀ(ə)ʒistʀe] einchecken
se garer [s(ə)gaʀe] parken
se laver [səlave] sich waschen
se laver la tête [səlavelatɛt] sich die Haare waschen
se maquiller [səmakije] sich schminken
se mettre de la crème [səmɛtʀdəlakʀɛm] sich eincremen
se noyer [sənwaje] ertrinken
se plaindre [s(ə)plɛ̃dʀ] sich beschweren
se présenter/présenter quelqu'un [s(ə)pʀezɑ̃te/pʀezɑ̃tekɛlkœ̃] (sich/jdn) vorstellen
se raser [səʀɑze] sich rasieren
se rencontrer [s(ə)ʀɑ̃kɔ̃tʀe] sich treffen
se sécher [səseʃe] sich abtrocknen
se sentir ... [səsɑ̃tiʀ] sich ... fühlen
sèche-linge, le [sɛʃlɛ̃ʒ] der Trockner
séchoir (à linge), le [seʃwaʀ(alɛ̃ʒ)] der Wäscheständer
seconde, la [s(ə)gɔ̃d] die Sekunde
secouriste, le, la [s(ə)kuʀist] der (die) Rettungssanitäter(in)
secours en montagne, le [s(ə)kuʀɑ̃mɔ̃taɲ] die Bergwacht
séduisant(e) [sedɥizɑ̃(t)] attraktiv
seize [sɛz] sechszehn
sel, le [sɛl] das Salz
selles, les *pl* [sɛl] der Stuhlgang
semelle, la [s(ə)mɛl] die Sohle
s'enfuir [sɑ̃fɥiʀ] fliehen
s'entretenir [sɑ̃tʀət(ə)niʀ] sich unterhalten
sept [sɛt] sieben
septembre [sɛptɑ̃bʀ] der September
serveur (-euse), le, la [sɛʀvœʀ, øz] der (die) Kellner(in)
service (médical), le [sɛʀvis(medikal)] die Station

service de dépannage, le [sɛʀvisdədepanaʒ] der Pannendienst
service de surveillance côtière, le [sɛʀˈvisdəsyʀvɛˈjɑ̃skoˈtjɛʀ] die Küstenwache
service des soins intensifs, le [sɛʀvisdeˈswɛ̃(z)ɛ̃tɑ̃ˈsif] die Intensivstation
service des urgences, le [sɛʀvisdezyʀʒɑ̃s] die Notaufnahme
serviette, la [sɛʀvjɛt] das Handtuch, die Serviette
serviette périodique, la [sɛʀvjɛtpeʀjɔdik] die Damenbinde
servir [sɛʀviʀ] bedienen
sexe, le [sɛks] das Geschlecht
shampooing, le [ʃɑ̃pwɛ̃] das Shampoo
sherry, le [ʃeʀi] der Sherry
short, le [ʃɔʀt] die Shorts *pl*
si [si] ob, wenn
signature, la [siɲatyʀ] die Unterschrift
signer [siɲe] unterschreiben
simple [sɛ̃pl] einfach
s'investir dans ... [sɛ̃vɛstiʀdɑ̃] sich einsetzen für ...
sirène, la [siʀɛn] die Sirene
situation de compte, la [sityasjɔ̃d(ə)kɔ̃t] der Kontostand
six [sis] sechs
skyper [skipe] skypen
slip, le [slip] die Unterhose
slip de bain, le [slipdəbɛ̃] die Badehose
smartphone, le [smaʀtfɔn] das Smartphone
sœur, la [sœʀ] die Schwester
soie, la [swa] die Seide
soif, la [swaf] der Durst
soir, le [swaʀ] der Abend
soirée, la [swaʀe] die Party
soit ... soit [swa ... swa] entweder ... oder
soixante [swasɑ̃t] sechzig
soixante-dix [swasɑ̃tdis] siebzig
soldé(e) [sɔlde] reduziert
sole, la [sɔl] die Seezunge
soleil, le [sɔlɛj] die Sonne, der Sonnenschein
somnifère, le [sɔmnifɛʀ] die Schlaftablette
son (sa) [sɔ̃ (sa)] ihr(e)
son (sa) [sɔ̃ (sa)] sein(e) (*männl/sächl*)
sonner [sɔne] klingeln
sonnette, la [sɔnɛt] die Klingel
sortie de secours, la [sɔʀtidəs(ə)kuʀ] der Notausgang
sortir [sɔʀtiʀ] ausgehen
soucoupe, la [sukup] die Untertasse
soulagé(e) [sulaʒe] erleichtert
souligner [suliɲe] betonen
soupe, la [sup] die Suppe
sourd(e) [suʀ(d)] gehörlos
sous [su] unter
soutien-gorge, le [sutjɛ̃gɔʀʒ] der BH
spaetzle, les *pl* [ʃpɛtslə] die Spätzle *pl*
spaghettis, les *pl* [spageti] die Spaghetti *pl*
spaghettis bolognaise, les *pl* [spagetibɔlɔɲɛz] die Spaghetti Bolognese *pl*
sparadrap, le [spaʀadʀa] das Pflaster
sport, le [spɔʀ] der Sport
spray, le [spʀɛ] der/das Spray
squelette, le [skəlɛt] das Skelett
stand de marché, le [stɑ̃ddəmaʀʃe] der Markstand
station, la [stasjɔ̃] die Haltestelle
station d'accueil, la [stasjɔ̃dakœj] die Dockingstation
station-service, la [stasjɔ̃sɛʀvis] die Tankstelle
steak, le [stɛk] das Steak
steppe, la [stɛp] die Steppe
stéthoscope, le [stetɔskɔp] das Stethoskop
stewart, le [stiwaʀt] der Flugbegleiter
sticks (salés), les *pl* [stik(sale)] die Salzstangen *pl*
stylo à bille, le [stiloabij] der Kugelschreiber
stylo à plume, le [stiloaplym] der Füller
sucette, la [sysɛt] der Lutscher, der Schnuller
sucre, le [sykʀ] der Zucker
sucré(e) [sykʀe] süß
sucreries, les *pl* [sykʀəʀi] die Süßigkeiten *pl*
sud, le [syd] der Süden
suivre [sɥivʀ] folgen
supermarché, le [sypɛʀmaʀʃe] der Supermarkt
suppositoire, le [sypozitwaʀ] das Zäpfchen
suppurer [sypyʀe] eitern
sur [syʀ] auf
surfer [sœʀfe] surfen
surpris(e) [syʀpʀi(z)] überrascht
survivre [syʀvivʀ] überleben
sushi, le [syʃi] das Sushi
suspect(e), le, la [syspɛ, syspɛkt] der (die) Verdächtige
sweat-shirt, le [switʃœʀt] das Sweatshirt
sympathique [sɛ̃patik] sympathisch

T

tabac, le [taba] der Tabak
table, la [tabl] der Tisch
table à langer, la [tablalɑ̃ʒe] der Wickeltisch
table de chevet, la [tabldəʃ(ə)vɛ] der Nachttisch
tablette (tactile), la [tablɛt(taktil)] das Tablet
tablier, le [tɑblije] die Schürze
taches de rousseur, les *pl* [taʃdəʀusœʀ] die Sommersprossen *pl*
tachycardie, la [takikaʀdi] das Herzrasen
tagliatelles, les *pl* [taljatɛl] die Tagliatelle *pl*
taille, la [tɑj] die Größe, die Kleidergröße, die Taille
taille-crayon, le [tɑjkʀɛjɔ̃] der Spitzer
talon, le [talɔ̃] der Absatz, die Ferse
tampon (hygiénique), le [tɑ̃pɔ̃(iʒjenik)] der Tampon
tante, la [tɑ̃t] die Tante
taper [tape] tippen
tapis, le [tapi] der Teppich
tard [taʀ] spät
tarif, le [taʀif] der Tarif
tasse, la [tɑs] die Tasse
tatouage, le [tatwaʒ] das Tattoo
taxi, le [taksi] das Taxi
tee-shirt, le [tiʃœʀt] das T-Shirt
télécharger [teleʃaʀʒe] downloaden
téléphone, le [telefɔn] das Telefon
(téléphone) portable, le [(telefɔn) pɔʀtabl] das Handy
téléphoner [telefɔne] telefonieren
téléviseur, le [televizœʀ] der Fernseher
témoin, le [temwɛ̃] der (die) Zeuge (-in)
température, la [tɑ̃peʀatyʀ] die Temperatur
tempête, la [tɑ̃pɛt] der Sturm
tempétueux (-euse) [tɑ̃petɥø(z)] stürmisch
tendon, le [tɑ̃dɔ̃] die Sehne
tennis, le [tenis] das Tennis
tension (sanguine), la [tɑ̃sjɔ̃(sɑ̃gin)] der Blutdruck
tente, la [tɑ̃t] das Zelt
terrain de camping, le [teʀɛ̃d(ə) kɑ̃piŋ] der Campingplatz
terrain de jeux, le [teʀɛ̃d(ə)ʒø] der Spielplatz
terrasse, la [teʀas] die Terrasse
Terre, la [tɛʀ] die Erde
terre, la [tɛʀ] das Land
terrorisme, le [teʀɔʀism] der Terrorismus
test de grossesse, le [tɛstdəgʀosɛs] der Schwangerschaftstest
testicule, le [tɛstikyl] der Hoden
tête, la [tɛt] der Kopf
texto, le [tɛksto] die SMS
thé, le [te] der Tee
thé aux fruits, le [teofʀɥi] der Früchtetee
thé glacé, le [teglase] der Eistee
thé noir, le [tenwaʀ] der Schwarztee
thé vert, le [tevɛʀ] der Grüne Tee
théâtre, le [teɑtʀ] das Theater
thon, le [tɔ̃] der Thunfisch
tibia, le [tibja] das Schienbein
ticket, le [tikɛ] die Fahrkarte
ticket de caisse, le [tikɛd(ə)kɛs] der Kassenbon
timide [timid] schüchtern
tique, la [tik] die Zecke
tisane, la [tizan] der Kräutertee
tofu, le [tofy] der Tofu
toilettes pour la clientèle, les *pl* [twaˈlɛtpuʀlaklijɑ̃ˈtɛl] die Kundentoilette
toit, le [twa] das Dach
tomate, la [tɔmat] die Tomate
ton (ta) [tɔ̃ (ta)] dein(e)
tondeuse à gazon, la [tɔ̃døzagɑzɔ̃] der Rasenmäher
tondre la pelouse [tɔ̃dʀlap(ə)luz] Rasen mähen
tongs, les *pl* [tɔ̃g] die Flipflops® *pl*
tonne, la [tɔn] die Tonne
tonnerre, le [tɔnɛʀ] der Donner
torchon à poussière, le [tɔʀʃɔ̃apusjɛʀ] das Staubtuch
torchon à vaisselle, le [tɔʀʃɔ̃avɛsɛl] das Geschirrtuch
torride [tɔʀid] heiß (Wetter)
torse, le [tɔʀs] der Oberkörper
tortellinis, les *pl* [tɔʀtelini] die Tortellini *pl*
tôt [to] früh
tour, la [tuʀ] der Turm
tournevis, le [tuʀnəvis] der Schraubenzieher
tournevis à accu, le [tuʀnəvisaaky] der Akkuschrauber
tous (toutes) [tu(t)] alle
tousser [tuse] husten
tout droit [tudʀwa] geradeaus
toutes les heures [tutlezœʀ] stündlich
toux, la [tu] der Husten

traduire [tʀadɥiʀ] übersetzen
train, le [tʀɛ̃] der Zug
train de banlieue, le [tʀɛ̃d(ə)bɑ̃ljø] die S-Bahn
traitement, le [tʀɛtmɑ̃] die Behandlung
traiter [tʀete] bearbeiten
tranché(e) [tʀɑ̃ʃe] geschnitten
tranche (de pain), la [tʀɑ̃ʃ(dəpɛ̃)] die Scheibe (Brot)
transfert, le [tʀɑ̃sfɛʀ] die Überweisung
travailler [tʀavaje] arbeiten
treize [tʀɛz] dreizehn
tremblement de terre, le [tʀɑ̃bləmɑ̃d(ə)tɛʀ] das Erdbeben
trembler [tʀɑ̃ble] zittern
trente [tʀɑ̃t] dreißig
très éloigné(e) [tʀɛzelwaɲe] weit entfernt
triangle de signalisation, le [tʀiˈjɑ̃gldəsiɲalizaˈtjɔ̃] das Warndreieck
tricot de corps, le [tʀikod(ə)kɔʀ] das Unterhemd
triste [tʀist] traurig
trois [tʀwa] drei
trois cents [tʀwasɑ̃] dreihundert
trois fois [tʀwafwa] dreimal
troisième [tʀwazjɛm] dritte(r, s)
trop ... (grand/large ...) [tʀo(gʀɑ̃/laʀʒ)] zu ... (groß/weit ...)
trop saler [tʀosale] versalzen
trottoir, le [tʀɔtwaʀ] der Gehweg
troubles circulatoires, les *pl* [tʀublsiʀkylatwaʀ] die Kreislaufbeschwerden *pl*
truite, la [tʀɥit] die Forelle
tu [ty] du
tunnel, le [tynɛl] der Tunnel
turquoise [tyʀkwaz] türkis
tuyau d'arrosage, le [tɥijodaʀozaʒ] der Gartenschlauch
tweet, le [twit] der Tweet
twitter [twite] twittern

U

un [œ̃] eins
un et demi [œ̃ed(ə)mi] eineinhalb
un quart [œ̃kaʀ] ein Viertel
un tiers [œ̃tjɛʀ] ein Drittel
une douzaine [ynduzɛn] ein Dutzend
une fois [ynfwa] einmal
une paire [ynpɛʀ] ein Paar
uni(e) [yni] einfarbig
université, l' *f* [ynivɛʀsite] die Universität
usine, l' *f* [yzin] die Fabrik

V

vacances, les *pl* [vakɑ̃s] die Ferien *pl*
vacciner [vaksine] impfen
vagin, le [vaʒɛ̃] die Scheide
vaisselle, la [vɛsɛl] Geschirr
valise, la [valiz] der Koffer
valise à roulettes, la [valizaʀulɛt] der Trolley
végan [vegɑ̃] vegan
végétarien(ne) [veʒetaʀjɛ̃, ɛn] vegetarisch
veine, la [vɛn] die Ader; die Vene
vélo, le [velo] das Fahrrad
vendeur (-euse), le, la [vɑ̃dœʀ, øz] der (die) Verkäufer(in)
vendre [vɑ̃dʀ] verkaufen
vendredi, le [vɑ̃dʀədi] der Freitag
vénéneux (-euse) [venenø(z)] giftig
vent, le [vɑ̃] der Wind
venteux (-euse) [vɑ̃tø(z)] windig
ventre, le [vɑ̃tʀ] der Bauch
véritable [veʀitabl] echt
vernis à ongles, le [vɛʀniaɔ̃gl] der Nagellack
verre, le [vɛʀ] das Glas
vers [vɛʀ] zu
verser de l'argent [vɛʀsed(ə)laʀʒɑ̃] Geld auszahlen
vert(e) [vɛʀ(t)] grün
vertige, le [vɛʀtiʒ] der Schwindel
vessie, la [vesi] die Blase
veste, la [vɛst] die Jacke
veste d'extérieur, la [vɛst(ə)dɛksteʀjœʀ] die Outdoorjacke
viande d'agneau, la [vjɑ̃ddaɲo] das Lammfleisch
viande de bœuf, la [vjɑ̃ddəbœf] das Rindfleisch
viande de dinde, la [vjɑ̃ddədɛ̃d] das Putenfleisch
viande de porc, la [vjɑ̃ddəpɔʀ] das Schweinefleisch
viande de veau, la [vjɑ̃ddəvo] das Kalbfleisch
vieille ville, la [vjɛjvil] die Altstadt
vieux (vieille) [vjø, vjɛj] alt
village, le [vilaʒ] das Dorf
ville, la [vil] die Stadt
vin, le [vɛ̃] der Wein
vin blanc, le [vɛ̃blɑ̃] der Weißwein
vin coupé d'eau gazeuse, le [vɛ̃kupedogazøz] die Weinschorle
vin rosé, le [vɛ̃ʀoze] der Roséwein
vin rouge, le [vɛ̃ʀuʒ] der Rotwein
(vin) mousseux, le [(vɛ̃)musø] der Sekt

vinaigre, le [vinɛgʀ] der Essig
vingt [vɛ̃] zwanzig
vingt et un [vɛ̃teœ̃] einundzwanzig
vingt-deux [vɛ̃tdø] zweiundzwanzig
vingtième [vɛ̃tjɛm] zwanzigste (*r, s*)
viol, le [vjɔl] die Vergewaltigung
violet(te) [vjɔlɛ, ɛt] lila
virage, le [viʀaʒ] die Kurve
virus, le [viʀys] das Virus
vis, la [vis] die Schraube
visa, le [viza] das Visum
visage, le [vizaʒ] das Gesicht
visiter [vizite] besuchen
visser [vise] schrauben
vitrine, la [vitʀin] das Schaufenster
voie, la [vwa] das Gleis
voie de circulation, la [vwad(ə) siʀkylasjɔ̃] die Fahrbahn
voisin(e), le, la [vwazɛ̃, in] der (die) Nachbar(in)
voiture, la [vwatyʀ] das Auto
voiture de police, la [vwatyʀdəpɔlis] das Polizeiauto
vol, le [vɔl] der Diebstahl
vol (à main armée), le [vɔl(amɛ̃aʀme)] der Raub
volcan, le [vɔlkɑ̃] der Vulkan
voler [vɔle] fliegen
volet roulant, le [vɔlɛʀulɑ̃] der Rollladen
voleur (-euse), le, la [vɔlœʀ, øz] der (die) Dieb(in)
vomir [vɔmiʀ] sich übergeben
votre [vɔtʀ] euer, eure, Ihr(e)
vous [vu] ihr, sie (*2 Ps. Pl*)
vous [vu] Sie (*3 Ps. Pl*)
voyager [vwajaʒe] reisen

W

W.-C., le [vese] die Toilette
webcam, la [wɛbkam] die Webcam
week-end, le [wikɛnd] das Wochenende
whisky, le [wiski] der Whisky

Y

yaourt, le [jauʀ(t)] der/das Joghurt
yoga, le [jɔga] das Yoga

Z

zéro [zeʀo] null
zone piétonne, la [zonpjetɔn] die Fußgängerzone
zoo, le [zo(o)] der Zoo

Glossar

› Deutsch – Französisch

A

Aal, der l'anguille *f* [ɑ̃gij]
ab und zu de temps en temps [dətɑ̃zɑ̃tɑ̃]
Abend, der le soir [swaʀ]
Abendessen, das le dîner [dine]
abends le soir [ləswaʀ]
aber mais [mɛ]
abfahren partir [paʀtiʀ]
Abflug, der le départ [depaʀ]
abgelaufen périmé(e) [peʀime]
abgestanden éventé(e) [evɑ̃te]
abhören écouter [ekute]
ablehnen refuser [ʀ(ə)fyze]
Abneigung, die l'aversion *f* [avɛʀsjɔ̃]
Absatz, der le talon [talɔ̃]
abschleppen remorquer [ʀ(ə)mɔʀke]
Abteil, das le compartiment [kɔ̃paʀtimɑ̃]
Abteilung, die le rayon [ʀɛjɔ̃]
Abtreibung, die l'avortement *m* [avɔʀtəmɑ̃]
abtrocknen essuyer [esɥje]
abwaschen laver [lave]
abwiegen peser [pəze]
acht huit [ˊɥit]
achtzehn dix-huit [dizɥit]
achtzig quatre-vingts [katʀəvɛ̃]
Adapter, der l'adaptateur *m* [adaptatœʀ]
Ader, die la veine [vɛn]
Adresse, die l'adresse *f* [adʀɛs]
Akku, der l'accu *m* [aky]
Akkuschrauber, der le tournevis à accu [tuʀnəvisaaky]
Alkohol, der l'alcool *m* [alkɔl]
alkoholfrei sans alcool [sɑ̃zalkɔl]
alle tous (toutes) [tu(t)]
Allergie, die l'allergie *f* [alɛʀʒi]
allergisch (auf/gegen) allergique (à) [alɛʀʒik(a)]
als comme [kɔm]
alt vieux (vieille) [vjø, vjɛj]
Alter, das l'âge *m* [ɑʒ]
Altstadt, die la vieille ville [vjɛjvil]
Alufolie, die la feuille d'aluminium [fœjdalyminjɔm]
am besten le mieux [ləmjø]
am Stück en un seul morceau [ɑ̃nœ̃sœlmɔʀso]
ambulant non-hospitalisé(e) [nɔnɔspitalize]
Ampel, die les feux *pl* [fø]
Ananas, die l'ananas *m* [anana(s)]
angeln pêcher [peʃe]
angestellt employé(e) [ɑ̃plwaje]
Anhänger, der le pendentif [pɑ̃dɑ̃tif]
ankommen arriver [aʀive]
Ankunft, die l'arrivée *f* [aʀive]
anmachen (*Salat*) assaisonner [asɛzɔne]
Anorak, der l'anorak *m* [anɔʀak]
anprobieren essayer [eseje]
Anschluss, der la correspondance [kɔʀɛspɔ̃dɑ̃s]
ansteckend contagieux (-euse) [kɔ̃taʒjø(z)]
anstehen faire la queue [fɛʀlakø]
Antibabypille, die la pilule anticontraceptive [pilylkɔ̃tʀasɛptiv]
Antibiotikum, das l'antibiotique *m* [ɑ̃tibjɔtik]
anziehen mettre [mɛtʀ]
Anzug, der le costume [kɔstym]
Apfel, der la pomme [pɔm]
Apfelsaft, der le jus de pomme [ʒyd(ə)pɔm]
Apotheke, die la pharmacie [faʀmasi]
Apotheker(in), der (die) le, la pharmacien(ne) [faʀmasjɛ̃, ɛn]
App, die l'application *f* [aplikasjɔ̃]
Aprikose, die l'abricot *m* [abʀiko]
April, der avril [avʀil]
Ar, der/das l'are *m* [aʀ]
arbeiten travailler [tʀavaje]
arbeitslos chômeur (-euse) [ʃomœʀ, øz]
Arbeitszimmer, das le bureau [byʀo]
Arm, der le bras [bʀa]
Ärmel, der la manche [mɑ̃ʃ]
Arterie, die l'artère *f* [aʀtɛʀ]
Artischocke, die l'artichaut *m* [aʀtiʃo]
Arzt (Ärztin), der (die) le médecin [medsɛ̃]
Atemnot, die la crise d'étouffements [kʀizdetufmɑ̃]
atmen respirer [ʀɛspiʀe]
atmungsaktiv qui laisse passer l'air [kilɛspɑselɛʀ]
attraktiv séduisant(e) [sedɥizɑ̃(t)]
Aubergine, die l'aubergine *f* [obɛʀʒin]
auf sur [syʀ]

aufgeregt excité(e) [ɛksite]
aufladen charger [ʃaʀʒe]
aufrufen appeler [aple]
aufschreiben écrire [ekʀiʀ]
Aufzug, der l'ascenseur *m* [asɑ̃sœʀ]
Auge, das l'œil *m* [œj]
August, der août [u(t)]
aus eigener Produktion de sa propre production [dəsaˈpʀɔpʀ(ə) pʀɔdykˈsjɔ̃]
ausgehen sortir [sɔʀtiʀ]
ausgezeichnet excellent(e) [ɛkselɑ̃(t)]
Ausländer(in), der (die) l'étranger (-ère) *m(f)* [etʀɑ̃ʒe, ɛʀ]
Auslandsgebühr, die les frais bancaires internationaux *pl* [fʀɛbɑ̃kɛʀɛ̃tɛʀnasjɔno]
Ausschlag, der l'éruption cutanée *f* [eʀypsjɔ̃kytane]
aussuchen choisir [ʃwaziʀ]
Auster, die l'huître *f* [ɥitʀ]
ausverkauft épuisé(e) [epɥize]
Ausweis, der la carte d'identité [kaʀtdidɑ̃tite]
Auszubildende, der/die l'apprenti(e) *m(f)* [apʀɑ̃ti]
Auto, das la voiture [vwatyʀ]
Autobahn, die l'autoroute *f* [otoʀut]
Avocado, die l'avocat *m* [avɔka]

B

Baby, das le bébé [bebe]
Babynahrung, die les aliments pour bébé *pl* [alimɑ̃puʀbebe]
backen cuire au four [kɥiʀofuʀ]
Bäckerei, die la boulangerie [bulɑ̃ʒʀi]
Backofen, der le four [fuʀ]
Badeanzug, der le maillot de bain [majod(ə)bɛ̃]
Badehose, die le slip de bain [slipdəbɛ̃]
baden se baigner [səbeɲe]
Badewanne, die la baignoire [bɛɲwaʀ]
Badezimmer, das la salle de bains [saldəbɛ̃]
Baguette, das la baguette [bagɛt]
Bahnhof, der la gare [gaʀ]
Bakterien, die *Pl* les bactéries *pl* [bakteʀi]
Balkon, der le balcon [balkɔ̃]
Ball, der le ballon [balɔ̃]
Ballett, das le ballet [balɛ]
Banane, die la banane [banan]
Bänderriss, der la déchirure d'un ligament [deʃiʀyʀdœ̃ligamɑ̃]
Bank, die la banque [bɑ̃k]
Bankkarte, die la carte bancaire [kaʀtbɑ̃kɛʀ]
Bar, die le bar [baʀ]
bar en liquide [ɑ̃likid]
bar bezahlen payer en liquide [pejeɑ̃likid]
Bargeld, das l'argent liquide *m* [aʀʒɑ̃likid]
barrierefrei avec accès pour handicapés [avɛkakˈsɛpuʀˈɑ̃dikaˈpe]
Bart, der la barbe [baʀb]
basteln bricoler [bʀikɔle]
Batterie, die la batterie [batʀi]
Bauch, der le ventre [vɑ̃tʀ]
Bauchschmerzen, die *Pl* le mal au ventre [malovɑ̃tʀ]
Bauchspeicheldrüse, die le pancréas [pɑ̃kʀeɑs]
Bauklotz, der le cube [kyb]
Baum, der l'arbre *m* [aʀbʀ]
Baumwolle, die le coton [kɔtɔ̃]
Baustelle, die le chantier [ʃɑ̃tje]
bearbeiten traiter [tʀete]
beatmen pratiquer la respiration artificielle [pʀatiˈkelaʀɛspiʀaˈsjɔ̃aʀ tifiˈsjɛl]
Becher, der le gobelet [gɔblɛ]
bedauern regretter [ʀ(ə)gʀete]
bedienen servir [sɛʀviʀ]
Beerdigung, die l'enterrement *m* [ɑ̃tɛʀmɑ̃]
Beere, die la baie [bɛ]
Beet, das la plate-bande [platbɑ̃d]
begeistert enthousiaste [ɑ̃tuzjast]
Behandlung, die le traitement [tʀɛtmɑ̃]
behindert handicapé(e) [ˈɑ̃dikape]
Behinderte, der/die l'handicapé(e) *m(f)* [ˈɑ̃dikape]
beide les deux [ledø]
beige beige [bɛʒ]
Beilage, die l'accompagnement *m* [akɔ̃paɲmɑ̃]
Beilagensalat, der la salade d'accompagnement [saladdakɔ̃paɲmɑ̃]
Bein, das la jambe [ʒɑ̃b]
Beipackzettel, der la notice [nɔtis]
Bekannte, der/die la connaissance [kɔnɛsɑ̃s]
Benzin, das l'essence *f* [esɑ̃s]
bereuen regretter [ʀ(ə)gʀete]
Berg, der la montagne [mɔ̃taɲ]
Bergwacht, die le secours en montagne [s(ə)kuʀɑ̃mɔ̃taɲ]
Beruhigungsmittel, das le calmant [kalmɑ̃]
Besen, der le balai [balɛ]

besser meilleur(e) [mɛjœʀ]
beste Freund(in), der (die) le meilleur ami, la meilleure amie [mɛjœʀami]
Besteck le couvert [kuvɛʀ]
bestellen commander [kɔmɑ̃de]
Bestellung, die la commande [kɔmɑ̃d]
besuchen visiter [vizite]
Besuchszeiten, die *Pl* les heures de visite *pl* [œʀdəvizit]
betonen souligner [suliɲe]
Bett, das le lit [li]
Bettdecke, die la couverture [kuvɛʀtyʀ]
bevor avant que [avɑ̃kə]
bewusstlos inconscient(e) [ɛ̃kɔ̃sjɑ̃(t)]
bezahlen payer [peje]
bezweifeln mettre en doute [mɛtʀɑ̃dut]
BH, der le soutien-gorge [sutjɛ̃gɔʀʒ]
Bibliothek, die la bibliothèque [biblijɔtɛk]
Bier, das la bière [bjɛʀ]
Bikini, der le bikini [bikini]
bio bio [bjo]
Bioladen, der le magasin bio [magazɛ̃bjo]
Birne, die la poire [pwaʀ]
Biss, der la morsure [mɔʀsyʀ]
Bitte, die la demande [d(ə)mɑ̃d]
bitter amer (amère) [amɛʀ]
Blase, die la vessie [vesi]
Blase, die (*Haut*) l'ampoule *f* [ɑ̃pul]
Blasenentzündung, die la cystite [sistit]
blau bleu(e) [blø]
Blazer, der le blazer [blazɛʀ]
Bleistift, der le crayon [kʀɛjɔ̃]
blind aveugle [avœgl]
Blinddarmentzündung, die l'appendicite *f* [apɛ̃disit]
Blindenhund, der le chien d'aveugle [ʃjɛ̃davœgl]
Blitz, der l'éclair *m* [eklɛʀ]
blond blond(e) [blɔ̃(d)]
Blume, die la fleur [flœʀ]
Blumenkohl, der le chou-fleur [ʃuflœʀ]
Blumenladen, der la boutique de fleuriste [butikdəflœʀist]
Bluse, die le chemisier [ʃ(ə)mizje]
Blut, das le sang [sɑ̃]
Blut abnehmen faire une prise de sang [fɛʀynpʀizdəsɑ̃]
Blut spenden donner son sang [dɔnesɔ̃sɑ̃]
Blutbild, das la formule sanguine [fɔʀmylsɑ̃gin]
Blutdruck, der la tension (sanguine) [tɑ̃sjɔ̃(sɑ̃gin)]
Blüte, die la fleur [flœʀ]
bluten saigner [seɲe]
Bluterguss, der l'hématome *m* [ematom]
blutig saignant(e) [sɛɲɑ̃(t)]
Bodylotion, die la lotion corporelle [losjɔ̃kɔʀpɔʀɛl]
Bohne, die le haricot [ˈaʀiko]
bohren percer [pɛʀse]
Bohrer, der la perceuse [pɛʀsøz]
Bombe, die la bombe [bɔ̃b]
Bonbon, der/das le bonbon [bɔ̃bɔ̃]
Bordkarte, die la carte d'embarquement [kaʀtdɑ̃baʀkəmɑ̃]
Brand, der l'incendie *m* [ɛ̃sɑ̃di]
Braten, der le rôti [ʀoti]
braten rôtir [ʀotiʀ]
braun marron [maʀɔ̃]
brennen brûler [bʀyle]
Brezel, die le bretzel [bʀɛtzɛl]
Briefkasten, der la boîte aux lettres [bwatolɛtʀ]
Brille, die les lunettes *pl* [lynɛt]
Brokkoli, der le brocoli [bʀɔkɔli]
Brombeere, die la mûre [myʀ]
Brötchen, das le petit pain [p(ə)tipɛ̃]
Brücke, die le pont [pɔ̃]
Bruder, der le frère [fʀɛʀ]
Brühe, die le bouillon [bujɔ̃]
Brust, die la poitrine [pwatʀin]
Buch, das le livre [livʀ]
buchen réserver [ʀezɛʀve]
Buchladen, der la librairie [libʀeʀi]
buchstabieren épeler [ep(ə)le]
Bügel, der le cintre [sɛ̃tʀ]
Bügelbrett, das la planche à repasser [plɑ̃ʃaʀ(ə)pɑse]
Bügeleisen, das le fer à repasser [fɛʀaʀ(ə)pɑse]
bügeln repasser [ʀ(ə)pɑse]
bunt multicolore [myltikɔlɔʀ]
Buntstift, der le crayon de couleur [kʀɛjɔ̃d(ə)kulœʀ]
Büro, das le bureau [byʀo]
Bürste, die la brosse [bʀɔs]
Bus, der le bus [bys]
Butter, die le beurre [bœʀ]

C

Café, das le café [kafe]
Campingplatz, der le terrain de camping [teʀɛ̃d(ə)kɑ̃piŋ]
Cappuccino, der le capuccino [kaputʃino]

CD, die le CD [sede]
Celsius Celsius [sɛlsjys]
Cent, der le centime [sɑ̃tim]
Champignon, der le champignon de Paris [ʃɑ̃piɲɔ̃d(ə)paʀi]
Chicorée, der l'endive *f* [ɑ̃div]
chillen décompresser [dekɔ̃pʀese]
Chips, die *Pl* les chips *pl* [ʃips]
Chirurg(in), der (die) le, la chirurgien(ne) [ʃiʀyʀʒjɛ̃, ɛn]
Club, der le club [klœb]
Cocktail, der le cocktail [kɔktɛl]
Cola, das/die le coca [kɔka]
Comic, der/das la bande dessinée [bɑ̃ddesine]
Computer, der l'ordinateur *m* [ɔʀdinatœʀ]
Computerspiel, das le jeu vidéo [ʒøvideo]
Cousin(e), der (die) le, la cousin(e) [kuzɛ̃, in]
Creme, die la crème [kʀɛm]
Crêpe, die la crêpe [kʀɛp]
Croissant, das le croissant [kʀwasɑ̃]

D

da comme [kɔm]
Dach, das le toit [twa]
Dachgeschoss, das l'étage mansardé *m* [etaʒmɑ̃saʀde]
Damenbinde, die la serviette périodique [sɛʀvjɛtpeʀjɔdik]
Dank, der le remerciement [ʀ(ə)mɛʀsimɑ̃]
Darm, der l'intestin *m* [ɛ̃tɛstɛ̃]
dass que [kə]
Date, das le rendez-vous [ʀɑ̃devu]
Dattel, die la datte [dat]
Datum, das la date [dat]
Daumen, der le pouce [pus]
Deckel, der le couvercle [kuvɛʀkl]
decken (*den Tisch*) mettre la table [mɛtʀlatabl]
Defibrillator, der le défibrillateur [defibʀilatœʀ]
dein(e) ton (ta) [tɔ̃ (ta)]
denken penser [pɑ̃se]
Denkmal, das le monument (commémoratif) [mɔnymɑ̃(kɔmemɔʀatif)]
Deo(dorant), das le déodorant [deɔdɔʀɑ̃]
desinfizieren désinfecter [dezɛ̃fɛkte]
Dezember, der décembre [desɑ̃bʀ]
Diabetes, der le diabète [djabɛt]
Diagnose, die le diagnostic [djagnɔstik]
dick gros (grosse) [gʀo(s)]
Dieb(in), der (die) le, la voleur (-euse) [vɔlœʀ, øz]
Diebstahl, der le vol [vɔl]
Dienstag, der le mardi [maʀdi]
Diesel, der le diesel [djezɛl]
Digitalkamera, die l'appareil photo numérique *m* [apaʀɛjfɔˈtonymeˈrik]
diskutieren discuter [diskyte]
Dockingstation, die la station d'accueil [stasjɔ̃dakœj]
Döner, der le kébab [kebab]
Donner, der le tonnerre [tɔnɛʀ]
Donnerstag, der le jeudi [ʒødi]
Doppelzimmer, das la chambre à deux lits [ʃɑ̃bʀadøli]
Dorf, das le village [vilaʒ]
Dosierung, die le dosage [dozaʒ]
downloaden télécharger [teleʃaʀʒe]
Draht, der le câble [kɑbl]
drei trois [tʀwɑ]
dreihundert trois cents [tʀwɑsɑ̃]
dreimal trois fois [tʀwɑfwa]
dreißig trente [tʀɑ̃t]
dreizehn treize [tʀɛz]
Dressing, das la sauce de salade [sosdəsalad]
dritte(r, s) troisième [tʀwɑzjɛm]
Drogerie, die la droguerie [dʀɔgʀi]
Drucker, der l'imprimante *f* [ɛ̃pʀimɑ̃t]
du tu [ty]
dunkel foncé(e) [fɔ̃se]
dunkelhaarig brun(e) [bʀœ̃, bʀyn]
dunkle Brot, das le pain complet [pɛ̃kɔ̃plɛ]
durch à travers [atʀavɛʀ]
durch (*das Steak*) bien cuit(e) [bjɛ̃kɥi(t)]
Durchfall, der la diarrhée [djaʀe]
Durst, der la soif [swaf]
Dusche, die la douche [duʃ]
Duschgel, das le gel douche [ʒɛlduʃ]
Duty-free-Laden, der la boutique hors taxes [butikˈɔʀtaks]
DVD, die le DVD [devede]

E

echt véritable [veʀitabl]
EC-Karte, die la carte eurochèque [kaʀtøʀoʃɛk]
eckig anguleux (-euse) [ɑ̃gylø(z)]
Ehe, die le mariage [maʀjaʒ]
(Ehe-)Frau, die l'épouse *f* [epuz]
(Ehe-)Mann, der le mari [maʀi]
Ei, das l'œuf *m* [œf]
eifersüchtig jaloux (-ouse) [ʒalu(z)]

ein Paar une paire [ynpɛʀ]
ein paar quelques [kɛlk]
einbrechen cambrioler [kɑ̃bʀijɔle]
Einbruch, der le cambriolage [kɑ̃bʀijɔlaʒ]
einchecken se faire enregistrer [s(ə)fɛʀɑ̃ʀ(ə)ʒistʀe]
eineinhalb un et demi [œ̃ed(ə)mi]
einfach simple [sɛ̃pl]
einfarbig uni(e) [yni]
eingeschweißt scellé(e) [sele]
eingetragene Lebenspartnerschaft, die le PACS [paks]
einige quelques-uns (-unes) [kɛlkzœ̃, yn]
Einkauf, der l'achat *m* [aʃa]
Einkaufskorb, der le panier d'achat [panjedaʃa]
Einkaufsliste, die la liste des achats [listdezaʃa]
Einkaufswagen, der le caddie [kadi]
einladen inviter [ɛ̃vite]
einmal une fois [ynfwa]
Einreise, die l'entrée *f* [ɑ̃tʀe]
eins un [œ̃]
Eintopf, der le pot-au-feu [pɔtofø]
einundfünfzigste (*r, s*) cinquante et unième [sɛ̃kɑ̃teynjɛm]
einundzwanzig vingt et un [vɛ̃teœ̃]
Einwegrasierer, der le rasoir jetable [ʀɑzwaʀʒ(ə)tabl]
Einzelzimmer, das la chambre individuelle [ʃɑ̃bʀɛ̃dividɥɛl]
Eis, das la glace [glas]
Eiskaffee, der le café liégeois [kafeljeʒwa]
Eistee, der le thé glacé [teglase]
eitern suppurer [sypyʀe]
elf onze [ɔ̃z]
Ellenbogen, der le coude [kud]
Eltern, die *Pl* les parents *pl* [paʀɑ̃]
E-Mail-Adresse, die l'adresse électronique *f* [adʀɛselɛktʀɔnik]
eng étroit(e) [etʀwa(t)]
Enkel(in), der (die) le petit-fils, la petite-fille [p(ə)tifis, p(ə)titfij]
Ente, die le canard [kanaʀ]
Entführung, die l'enlèvement *m* [ɑ̃lɛvmɑ̃]
entlassen werden être autorisé à sortir [ɛtʀotoʀiˈzeasɔʀˈtiʀ]
Entschuldigung, die l'excuse *f* [ɛkskyz]
enttäuscht déçu(e) [desy]
entweder ... oder soit ... soit [swa ... swa]

entzündet enflammé(e) [ɑ̃flɑme]
Entzündung, die l'inflammation *f* [ɛ̃flamasjɔ̃]
er il [il]
Erbse, die le pois [pwɑ]
Erdbeben, das le tremblement de terre [tʀɑ̃bləmɑ̃d(ə)tɛʀ]
Erdbeere, die la fraise [fʀɛz]
Erde, die la Terre [tɛʀ]
Erdgeschoss, das le rez-de-chaussée [ʀed(ə)ʃose]
Erdnussbutter, die le beurre de cacahuète [bœʀdəkakawɛt]
Erkältung, die le refroidissement [ʀ(ə)fʀwadismɑ̃]
erleichtert soulagé(e) [sulaʒe]
Ersatzrad, das la roue de secours [ʀudəs(ə)kuʀ]
erstaunt étonné(e) [etɔne]
erste (r, s) premier (-ière) [pʀəmje, ɛʀ]
1./2. Klasse, die la première/seconde classe [pʀəmjɛʀ/s(ə)gɔ̃dklɑs]
ertrinken se noyer [sənwaje]
es cela [s(ə)la]
Espresso, der l'expresso *m* [ɛkspʀɛso]
Essen, das le repas [ʀ(ə)pɑ]
essen manger [mɑ̃ʒe]
essen gehen aller manger [alemɑ̃ʒe]
Essig, der le vinaigre [vinɛgʀ]
Esslöffel, der la grande cuillère [gʀɑ̃dkɥijɛʀ]
Esszimmer, das la salle à manger [salamɑ̃ʒe]
etwas quelque chose [kɛlkʃoz]
euer votre [vɔtʀ]
eure votre [vɔtʀ]
Euro, der l'euro *m* [øʀo]
Explosion, die l'explosion *f* [ɛksplozjɔ̃]
E-Zigarette, die la cigarette électronique [sigaʀɛtelɛktʀɔnik]

F

Fabrik, die l'usine *f* [yzin]
Faden, der le fil [fil]
Fahndung, die les recherches *pl* [ʀ(ə)ʃɛʀʃ]
Fahrbahn, die la voie de circulation [vwad(ə)siʀkylasjɔ̃]
fahren aller [ale]
Fahrenheit Fahrenheit [faʀɛnajt]
Fahrkarte, die le ticket [tikɛ]
Fahrkartenautomat, der le distributeur (automatique) de tickets [distʀibyˈtœʀ(otomaˈtik) dətiˈkɛ]

Fahrplan, der l'horaire *m* [ɔʀɛʀ]
Fahrrad, das le vélo [velo]
Fahrradhelm, der le casque de cycliste [kaskdəsiklist]
Fahrradweg, der la piste cyclable [pistsiklabl]
falls au cas où [okau]
Farfalle, die *Pl* les farfalles *pl* [faʀfal]
Fastfood, das la restauration rapide [ʀɛstɔʀasjɔ̃ʀapid]
faulig pourri(e) [puʀi]
Februar, der février [fevʀije]
Fehlgeburt, die la fausse couche [foskuʃ]
feiern faire la fête [fɛʀlafɛt]
Feiertag, der le jour férié [ʒuʀfeʀje]
Feige, die la figue [fig]
Feldsalat, der la mâche [mɑʃ]
Fenchel, der le fenouil [fənuj]
Fenster, das la fenêtre [f(ə)nɛtʀ]
Ferien, die *Pl* les vacances *pl* [vakɑ̃s]
Ferienwohnung, die la location de vacances [lɔkasjɔ̃d(ə)vakɑ̃s]
Fernseher, der le téléviseur [televizœʀ]
Ferse, die le talon [talɔ̃]
Fertiggericht, das le plat cuisiné [plakɥizine]
Fest, das la fête [fɛt]
festnehmen arrêter [aʀete]
fett (*Fleisch*) gras (grasse) [gʀɑ(s)]
fettarm allégé(e) [aleʒe]
fettig gras (grasse) [gʀɑ(s)]
Feuchttuch, das la lingette humide [lɛ̃ʒɛtymid]
Feuer, das le feu [fø]
Feuerwehr, die les pompiers *pl* [pɔ̃pje]
Feuerwehrauto, das le camion de pompiers [kamjɔ̃dəpɔ̃pje]
Feuerwehrmann (-frau), der (die) le, la pompier (-ière) [pɔ̃pje, ɛʀ]
Feuerzeug, das le briquet [bʀikɛ]
Fieber, das la fièvre [fjɛvʀ]
Film, der le film [film]
Finger, der le doigt [dwa]
Fisch, der le poisson [pwasɔ̃]
Fischfilet, das le filet de poisson [filɛdpwasɔ̃]
Fischladen, der la poissonnerie [pwasɔnʀi]
Fischstäbchen, das le bâtonnet de poisson [bɑtɔnɛdpwasɔ̃]
Fischtheke, die le rayon poissonnerie [ʀɛjɔ̃pwasɔnʀi]
Fitnesscenter, das le centre de fitness [sɑ̃tʀdəfitnɛs]
flach plat(e) [pla(t)]
Flamme, die la flamme [flam]
Flasche, die la bouteille [butɛj]
(Flaschen-)Pfand, das la bouteille consignée [butɛjkɔ̃siɲe]
Fleischtheke, die le rayon boucherie [ʀɛjɔ̃buʃʀi]
fliegen voler [vɔle]
fliehen s'enfuir [sɑ̃fɥiʀ]
Fliese, die le carreau [kaʀo]
Flipflops®, die *Pl* les tongs *pl* [tɔ̃g]
flirten flirter [flœʀte]
Flugbegleiter(in), der (die) le stewart, l'hôtesse [stiwaʀt, otɛs]
Flughafen, der l'aéroport *m* [aeʀɔpɔʀ]
Flugzeug, das l'avion *m* [avjɔ̃]
Flur, der l'entrée *f* [ɑ̃tʀe]
Fluss, der la rivière [ʀivjɛʀ]
folgen suivre [sɥivʀ]
Forelle, die la truite [tʀɥit]
Fotoapparat, der l'appareil (de) photo *m* [apaʀɛj(də)fɔto]
fotografieren faire de la photo [fɛʀd(ə)lafɔto]
Fotoladen, der le magasin de photographie [magazɛ̃d(ə)fɔtɔgʀafi]
Frau, die la femme [fam]
Frau ... Madame ... [madam]
Frauenarzt (-ärztin), der (die) le, la gynécologue [ʒinekɔlɔg]
Freitag, der le vendredi [vɑ̃dʀədi]
Fremdsprache, die la langue étrangère [lɑ̃getʀɑ̃ʒɛʀ]
Freund(in), der (die) l'ami(e) *m(f)* ami]
Friedhof, der le cimetière [simtjɛʀ]
Frikadelle, die la boulette de viande hachée [bulɛtdəvjɑ̃d'aʃe]
frisch frais (fraîche) [fʀɛ(ʃ)]
Frischhaltefolie, die le film plastique [filmplastik]
Fruchtblase, die la poche des eaux [pɔʃdezo]
Früchtetee, der le thé aux fruits [teofʀɥi]
Fruchtwasser, das le liquide amniotique [likidamnjɔtik]
früh tôt [to]
früher plus tôt [plyto]
Frühgeburt, die l'accouchement prématuré *m* [akuʃmɑ̃pʀematyʀe]
Frühling, der le printemps [pʀɛ̃tɑ̃]
Frühstück, das le petit-déjeuner [p(ə)tideʒœne]
Führerschein, der le permis de conduire [pɛʀmid(ə)kɔ̃dɥiʀ]
Füller, der le stylo à plume [stiloaplym]
Füllung, die le plombage [plɔ̃baʒ]

fünf cinq [sɛ̃k]
fünfte (r, s) cinquième [sɛ̃kjɛm]
fünfzehn quinze [kɛ̃z]
fünfzig cinquante [sɛ̃kɑ̃t]
für pour [puʀ]
Fusilli, die *Pl* les fusillis *pl* [fyzili]
Fuß, der le pied [pje]
Fußball, der le football [futbol]
Fußgänger(in), der (die) le, la piéton(ne) [pjetɔ̃, ɔn]
Fußgängerzone, die la zone piétonne [zonpjetɔn]

G

Gabel, die la fourchette [fuʀʃɛt]
Gans, die l'oie *f* [wa]
Garage, die le garage [gaʀaʒ]
Garnele, die la crevette [kʀəvɛt]
Garten, der le jardin [ʒaʀdɛ̃]
Gartenarbeit, die le jardinage [ʒaʀdinaʒ]
Gartenschlauch, der le tuyau d'arrosage [tɥijodaʀozaʒ]
Gast, der le, la client(e) [klijɑ̃(t)]
Gate, das la porte [pɔʀt]
Gebärdensprache, die le langage gestuel [lɑ̃gaʒʒɛstɥɛl]
Gebirge, das la montagne [mɔ̃taɲ]
gebraten rôti(e) [ʀoti]
gebrochen (*Gliedmaße*) cassé(e) [kase]
Geburt, die la naissance [nɛsɑ̃s]
Geburtsdatum, das la date de naissance [datdənɛsɑ̃s]
gedünstet à la vapeur [alavapœʀ]
Gefahr, die le danger [dɑ̃ʒe]
Gefängnis, das la prison [pʀizɔ̃]
gefrieren geler [ʒ(ə)le]
Gefriertruhe, die le congélateur [kɔ̃ʒelatœʀ]
gefüttert doublé(e) [duble]
gegen contre [kɔ̃tʀ]
gegenüber en face [ɑ̃fas]
gegrillt grillé(e) [gʀije]
gehbehindert à mobilité réduite [amɔbiliteʀedɥit]
Geheimzahl, die le code confidentiel [kɔdkɔ̃fidɑ̃sjɛl]
gehen marcher [maʀʃe]
Gehirn, das le cerveau [sɛʀvo]
Gehirnerschütterung, die la commotion cérébrale [komosjɔ̃seʀebʀal]
gehörlos sourd(e) [suʀ(d)]
Gehweg, der le trottoir [tʀɔtwaʀ]
gelangweilt ennuyé(e) [ɑ̃nɥije]
gelassen décontracté(e) [dekɔ̃tʀakte]
gelb jaune [ʒon]
Geld, das l'argent *m* [aʀʒɑ̃]
Geld abheben retirer de l'argent [ʀ(ə)tiʀed(ə)laʀʒɑ̃]
Geld auszahlen verser de l'argent [vɛʀsed(ə)laʀʒɑ̃]
Geld einzahlen déposer de l'argent [depozed(ə)laʀʒɑ̃]
Geldautomat, der le distributeur (automatique) de billets [distʀibyˈtœʀ(otomaˈtik)dəbiˈjɛ]
Geldschein, der le billet (de banque) [bijɛ(dəbɑ̃k)]
gemustert à dessins [adesɛ̃]
Gepäck, das les bagages [bagaʒ]
gepunktet à pois [apwa]
geradeaus tout droit [tudʀwa]
Gesäß, das le derrière [dɛʀjɛʀ]
Geschirr, das la vaisselle [vɛsɛl]
Geschirrtuch, das le torchon à vaisselle [tɔʀʃɔ̃avɛsɛl]
Geschlecht, das le sexe [sɛks]
Geschlechtsorgan, das l'organe sexuel *m* [ɔʀgansɛksɥɛl]
Geschlechtsverkehr, der le rapport sexuel [ʀapɔʀsɛksɥɛl]
Geschnetzelte, das l'émincé *m* [emɛ̃se]
geschnitten tranché(e) [tʀɑ̃ʃe]
Geschwister, die *Pl* les frères et sœurs *pl* [fʀɛʀ(z)esœʀ]
geschwollen enflé(e) [ɑ̃fle]
Gesicht, das le visage [vizaʒ]
Gespräch, das la conversation [kɔ̃vɛʀsasjɔ̃]
gestern hier [jɛʀ]
gestreift à rayures [aʀɛjyʀ]
gesund sain(e) [sɛ̃, sɛn]
geteilt divisé [divize]
Getränk, das la boisson [bwasɔ̃]
Gewitter, das l'orage *m* [ɔʀaʒ]
Gewürze, die *Pl* les épices *pl* [epis]
gezerrt froissé(e) [fʀwase]
gießen arroser [aʀoze]
giftig vénéneux (-euse) [venenø(z)]
Gin, der le gin [dʒin]
Gips, der le plâtre [plɑtʀ]
Glas, das le verre [vɛʀ]
Glatze, die la calvitie [kalvisi]
Gleis, das la voie [vwa]
Gletscher, der le glacier [glasje]
Globuli, die *Pl* les granules *pl* [gʀanyl]
Glühbirne, die l'ampoule *f* [ɑ̃pul]
glutenfrei sans gluten [sɑ̃glytɛn]

Gnocchi, die *Pl* les gnocchis *pl* [ɲɔki]
goldfarben doré(e) [dɔʀe]
googeln googler [gugle]
Grad, der le degré [dəgʀe]
Gramm, das le gramme [gʀam]
Grapefruit, die le pamplemousse [pɑ̃pləmus]
grau gris(e) [gʀi(z)]
grauhaarig aux cheveux gris [oʃ(ə)vøgʀi]
groß grand(e) [gʀɑ̃(d)]
Größe, die la taille [tɑj]
Großeltern, die *Pl* les grands-parents *pl* [gʀɑ̃paʀɑ̃]
Großmutter, die la grand-mère [gʀɑ̃mɛʀ]
Großvater, der le grand-père [gʀɑ̃pɛʀ]
grün vert(e) [vɛʀ(t)]
Grüntee, der le thé vert [tevɛʀ]
Gulasch, der/das le goulache [gulaʃ]
Gummibärchen, das l'ourson en gomme gélifiée *m* [uʀsɔ̃ɑ̃gɔmʒelifje]
Gummistiefel, der la botte en caoutchouc [bɔtɑ̃kautʃu]
Gurke, die le concombre [kɔ̃kɔ̃bʀ]
Gürtel, der la ceinture [sɛ̃tyʀ]
gut bon (bonne) [bɔ̃, bɔn]
Guthaben, das l'avoir *m* [avwaʀ]

H

Haar, das les cheveux *pl* [ʃ(ə)vø]
Haargel, das le gel capillaire [ʒɛlkapilɛʀ]
Haargummi, der/das l'élastique pour cheveux *m* [elastikpuʀʃ(ə)vø]
Haarspange, die la barrette [baʀɛt]
Haarspray, der/das la laque [lak]
Haferflocken, die *Pl* les flocons d'avoine *pl* [flɔkɔ̃davwan]
Hähnchen, das le poulet [pulɛ]
halbe Stunde, die la demi-heure [d(ə)miœʀ]
Halbpension, die la demi-pension [d(ə)mipɑ̃sjɔ̃]
Hals, der le cou [ku]
Hals-Nasen-Ohrenarzt (-ärztin), der (die) l'oto-rhino-laryngologiste *m, f* [ɔtɔʀinolaʀɛ̃gɔlɔʒist]
Halsschmerzen, die *Pl* le mal à la gorge [malalagɔʀʒ]
Haltestelle, die la station [stasjɔ̃]
Halteverbot, das l'interdiction de stationner *f* [ɛ̃tɛʀdiksˈjɔ̃d(ə)stasjɔˈne]
Hamburger, der le hamburger [ˈɑ̃bœʀgœʀ]
Hammer, der le marteau [maʀto]
hämmern marteler [maʀtəle]
Hand, die la main [mɛ̃]
Handfeger, der la balayette [balɛjɛt]
Handgelenk, das le poignet [pwaɲɛ]
Handschuh, der le gant [gɑ̃]
Handtasche, die le sac à main [sakamɛ̃]
Handtuch, das la serviette [sɛʀvjɛt]
Handy, das le (téléphone) portable [(telefɔn)pɔʀtabl]
Handynummer, die le numéro de portable [nymeʀod(ə)pɔʀtabl]
hart dur(e) [dyʀ]
hässlich laid(e) [lɛ(d)]
Hauptspeise, die le plat principal [plapʀɛ̃sipal]
Haus, das la maison [mɛzɔ̃]
Hausarzt (-ärztin), der (die) le médecin de famille [medsɛ̃d(ə)famij]
Haut, die la peau [po]
Hautarzt (-ärztin), der (die) le, la dermatologue [dɛʀmatɔlɔg]
Hebamme, die la sage-femme [saʒfam]
Hecke, die la haie [ˈɛ]
Hefe, die la levure [l(ə)vyʀ]
Heidelbeere, die la myrtille [miʀtij]
Heilbutt, der le flétan [fletɑ̃]
heiser enroué(e) [ɑ̃ʀwe]
heiß (*Wetter*) torride [tɔʀid]
heiß (*Wasser*) brûlant(e) [bʀylɑ̃(t)]
heiße Schokolade, die le chocolat chaud [ʃɔkɔlaʃo]
Heizung, die le chauffage [ʃofaʒ]
Hektar, der/das l'hectare *m* [ɛktaʀ]
helfen aider [ede]
hell clair(e) [klɛʀ]
helle Brot, das le pain blanc [pɛ̃blɑ̃]
Hemd, das la chemise [ʃ(ə)miz]
Herbst, der l'automne *m* [otɔn]
Herd, der la cuisinière [kɥizinjɛʀ]
Herr ... Monsieur ... [məsjø]
Herz, das le cœur [kœʀ]
Herzdruckmassage, die le massage cardiaque [masaʒkaʀdjak]
Herzinfarkt, der l'infarctus *m* [ɛ̃faʀktys]
Herzrasen, das la tachycardie [takikaʀdi]
Herzschrittmacher, der le pacemaker [pɛsmɛkœʀ]
Heuschnupfen, der le rhume des foins [ʀymdefwɛ̃]
Himmel, der le ciel [sjɛl]
hinter derrière [dɛʀjɛʀ]
hoch haut [ˈo]
Hochhaus, das l'immeuble *m* [imœbl]

Hochstuhl, der la chaise haute [ʃɛz'ot]
Hoden, der le testicule [tɛstikyl]
Honig, der le miel [mjɛl]
Hörgerät, das l'appareil auditif *m* [apaʀɛjoditif]
hörgeschädigt malentendant(e) [malɑ̃tɑ̃dɑ̃(t)]
Hose, die le pantalon [pɑ̃talɔ̃]
Hotel, das l'hôtel *m* [otɛl]
hübsch joli(e) [ʒɔli]
Hüfte, die la hanche ['ɑ̃ʃ]
Hülsenfrüchte, die *Pl* les légumes secs *pl* [legymsɛk]
Hummer, der le homard ['ɔmaʀ]
hundert cent [sɑ̃]
hundert(und)eins cent un [sɑ̃œ̃]
Hunger, der la faim [fɛ̃]
Husten, der la toux [tu]
husten tousser [tuse]
Hut, der le chapeau [ʃapo]

I

ich je [ʒə]
ihr vous [vu]
Ihr(e) votre [vɔtʀ]
ihr(e) son (sa) [sɔ̃ (sa)]
ihr(e) (*3. Ps, pl*) leur [lœʀ]
impfen vacciner [vaksine]
indem pendant [pɑ̃dɑ̃]
Infekt, der l'infection *f* [ɛ̃fɛksjɔ̃]
Infusion, die la perfusion [pɛʀfyzjɔ̃]
Innenstadt, die le centre-ville [sɑ̃tʀ(ə)vil]
Insekt, das l'insecte *m* [ɛ̃sɛkt]
Insel, die l'île *f* [il]
Instrument, das l'instrument *m* [ɛ̃stʀymɑ̃]
Intensivstation, die le service des soins intensifs [sɛʀvisde'swɛ̃(z)ɛ̃tɑ̃'sif]
irgendetwas n'importe quoi [nɛ̃pɔʀtkwa]

J

irgendjemand n'importe qui [nɛ̃pɔʀtki]
Jacke, die la veste [vɛst]
Januar, der janvier [ʒɑ̃vje]
je ... desto plus ... plus [ply(s) ... ply(s)]
Jeans, die *meist pl* le jean [dʒin]
jede(r, s) chaque [ʃak]
jemand quelqu'un [kɛlkœ̃]
jetzt maintenant [mɛ̃t(ə)nɑ̃]
joggen faire du jogging [fɛʀdydʒɔgiŋ]
Jogginghose, die le pantalon de jogging [pɑ̃talɔ̃də(d)ʒɔgiŋ]
Joghurt, der/das le yaourt [jauʀ(t)]
jucken démanger [demɑ̃ʒe]
Jugendliche, der/die l'adolescent(e) *m(f)* [adɔlesɑ̃(t)]
Juli, der juillet [ʒɥijɛ]
jung jeune [ʒœn]
Junge, der le (jeune) garçon [(ʒœn)gaʀsɔ̃]
Juni, der juin [ʒɥɛ̃]
Juwelier, der le bijoutier [biʒutje]

K

Kabel, das le câble [kɑbl]
Kabeljau, der le cabillau [kabijo]
Kabine, die la cabine [kabin]
Kaffee, der le café [kafe]
Kaffeemaschine, die la cafetière électrique [kaftjɛʀelɛktʀik]
Kaiserschnitt, der la césarienne [sezaʀjɛn]
Kalbfleisch, das la viande de veau [vjɑ̃ddəvo]
Kalender, der le calendrier [kalɑ̃dʀije]
kalt froid(e) [fʀwa(d)]
Kamm, der le peigne [pɛɲ]
Kammmuschel, die le pétoncle [petɔ̃kl]
Kapuze, die le capuchon [kapyʃɔ̃]
kariert à carreaux [akaʀo]
Karies, die la carie [kaʀi]
Karotte, die la carotte [kaʀɔt]
Karpfen, der la carpe [kaʀp]
Kartoffel, die la pomme de terre [pɔmdətɛʀ]
Kartoffelpüree, das la purée de pommes de terre [pyʀedpɔmdətɛʀ]
Kartoffelsalat, der la salade de pommes de terre [saladdəpɔmdətɛʀ]
Käse, der le fromage [fʀɔmaʒ]
Käsetheke, die le rayon fromages [ʀɛjɔ̃fʀɔmaʒ]
Kasse, die la caisse [kɛs]
Kassenbon, der le ticket de caisse [tikɛd(ə)kɛs]
Kassierer(in), der (die) le, la caissier (-ière) [kesje, ɛʀ]
kauen mâcher [mɑʃe]
kaufen acheter [aʃte]
Kaufhaus, das le grand magasin [gʀɑ̃magazɛ̃]
Kaugummi, der/das le chewing-gum [ʃwiŋgɔm]
kehren balayer [baleje]
Kehrschaufel, die la pelle à ordures [pɛlaɔʀdyʀ]
keine(r, s) pas de [pɑdə]

Keks, der le biscuit [biskɥi]
Keller, der la cave [kav]
Kellner(in), der (die) le, la serveur (-euse) [sɛʀvœʀ, øz]
kentern chavirer [ʃaviʀe]
Ketchup, der/das le ketchup [kɛtʃœp]
Kette, die le collier [kɔlje]
Kichererbse, die le pois chiche [pwaʃiʃ]
Kidneybohne, die le haricot rouge [ˈaʀikoʀuʒ]
Kiefer, der la mâchoire [mɑʃwaʀ]
Kilo, das le kilo [kilo]
Kilogramm, das le kilogramme [kilɔgʀam]
Kilometer, der le kilomètre [kilɔmɛtʀ]
Kind, das l'enfant *m, f* [ɑ̃fɑ̃]
Kinderarzt (-ärztin), der (die) le, la pédiatre [pedjatʀ]
Kinderbett, das le lit d'enfant [lidɑ̃fɑ̃]
Kinderzimmer, das la chambre d'enfants [ʃɑ̃bʀdɑ̃fɑ̃]
Kinn, das le menton [mɑ̃tɔ̃]
Kino, das le cinéma [sinema]
Kiosk, der le kiosque [kjɔsk]
Kirche, die l'église *f* [egliz]
Kirsche, die la cerise [s(ə)ʀiz]
Kissen, das l'oreiller *m* [ɔʀeje]
Kiwi, die le kiwi [kiwi]
kleben coller [kɔle]
Klebstoff, der la colle [kɔl]
kleckern faire une tache [fɛʀyntaʃ]
Kleid, das la robe [ʀɔb]
Kleidergröße, die la taille [tɑj]
klein petit(e) [p(ə)ti(t)]
Kleingeld, das la monnaie [mɔnɛ]
Klingel, die la sonnette [sɔnɛt]
klingeln sonner [sɔne]
Klobürste, die la brosse à W.-C. [bʀɔsavese]
Kloß, der la boulette [bulɛt]
Kneipe, die le bistro(t) [bistʀo]
Knie, das le genou [ʒ(ə)nu]
Knoblauch, der l'ail *m* [aj]
Knöchel, der la cheville [ʃ(ə)vij]
Knochen, der l'os *m* [ɔs]
Knochenbruch, der la fracture [fʀaktyʀ]
Knopf, der le bouton [butɔ̃]
Kochbuch, das le livre de cuisine [livʀdəkɥizin]
kochen (*Essen*) cuisiner [kɥizine]
kochen (*Wasser*) bouillir [bujiʀ]
Kochlöffel, der la cuillère en bois [kɥijɛʀɑ̃bwɑ]
koffeinfrei décaféiné(e) [dekafeine]
Koffer, der la valise [valiz]
Kohl, der le chou [ʃu]
Kohlrabi, der le chou-rave [ʃuʀav]
Kombizange, die la pince universelle [pɛ̃synivɛʀsɛl]
kommentieren commenter [kɔmɑ̃te]
Kompliment, das le compliment [kɔ̃plimɑ̃]
Kondom, das le préservatif [pʀezɛʀvatif]
Kontinent, der le continent [kɔ̃tinɑ̃]
Konto, das le compte [kɔ̃t]
Kontoauszug, der l'extrait de compte *m* [ɛkstʀɛd(ə)kɔ̃t]
Kontonummer, die le numéro de compte [nymeʀod(ə)kɔ̃t]
Kontostand, der la situation de compte [sitɥasjɔ̃d(ə)kɔ̃t]
Konzert, das le concert [kɔ̃sɛʀ]
Kopf, der la tête [tɛt]
Kopfhörer, der le casque [kask]
Kopfschmerzen, die *Pl* les maux de tête *pl* [modətɛt]
kopieren copier [kɔpje]
Korken, der le bouchon [buʃɔ̃]
kosten coûter [kute]
kosten (*probieren*) goûter [gute]
köstlich savoureux (-euse) [savuʀø(z)]
Kostüm, das l'ensemble *m* [ɑ̃sɑ̃bl]
Kotelett, das la côtelette [kotlɛt]
Kragen, der le col [kɔl]
Krampf, der la crampe [kʀɑ̃p]
krank malade [malad]
Krankenkasse, die la caisse d'assurance-maladie [kɛsdasyʀɑ̃smaladi]
Krankenschwester, die l'infirmière *f* [ɛ̃fiʀmjɛʀ]
Krankenwagen, der l'ambulance *f* [ɑ̃bylɑ̃s]
kratzig rêche [ʀɛʃ]
Kräutertee, der la tisane [tizan]
Krawatte, die la cravate [kʀavat]
Krebs, der le crabe [kʀɑb]
Kredit, der le crédit [kʀedi]
Kreditkarte, die la carte de crédit [kaʀtdəkʀedi]
Kreislauf, der la circulation sanguine [siʀkylasjɔ̃sɑ̃gin]
Kreislaufbeschwerden, die *Pl* les troubles circulatoires *pl* [tʀublsiʀkylatwaʀ]
Kreißsaal, der la salle de travail [saldətʀavaj]
Kreisverkehr, der le rond-point [ʀɔ̃pwɛ̃]

Kreuzfahrt, die la croisière [kʀwazjɛʀ]
Kreuzung, die le croisement [kʀwazmɑ̃]
Krokette, die la croquette [kʀɔkɛt]
Krücke, die la béquille [bekij]
Küche, die la cuisine [kɥizin]
Kuchen, der le gâteau [gɑto]
Kugelschreiber, der le stylo à bille [stiloabij]
Kühlregal, das le rayon réfrigéré [ʀɛjɔ̃ʀefʀiʒeʀe]
Kühlschrank, der le réfrigérateur [ʀefʀiʒeʀatœʀ]
Kunde (-in), der (die) le, la client(e) [klijɑ̃(t)]
Kundenkarte, die la carte de fidélité [kaʀtdəfidelite]
Kundentoilette, die les toilettes pour la clientèle *pl* [twaˈlɛtpuʀlaklijɑ̃ˈtɛl]
Kunstfaser, die la fibre synthétique [fibʀsɛ̃tetik]
Kürbis, der la courge [kuʀʒ]
Kurve, die le virage [viʀaʒ]
kurzhaarig aux cheveux courts [oʃ(əv)økuʀ]
Kuscheltier, das l'animal en peluche *m* [animalɑ̃p(ə)lyʃ]
Küstenwache, die le service de surveillance côtière [sɛʀˈvisdəsyʀvɛˈjɑ̃skoˈtjɛʀ]

L

Lachs, der le saumon [somɔ̃]
Ladegerät, das le chargeur [ʃaʀʒœʀ]
Laib, der la miche [miʃ]
Laken, das le drap [dʀa]
Lakritze, die la réglisse [ʀeglis]
laktosefrei sans lactose [sɑ̃laktoz]
Lammfleisch, das la viande d'agneau [vjɑ̃ddaɲo]
Lampe, die la lampe [lɑ̃p]
Land, das la terre [tɛʀ]
landen atterrir [ateʀiʀ]
Landkarte, die la carte géographique [kaʀtʒeɔgʀafik]
Landschaft, die le paysage [peizaʒ]
Landstraße, die la route départementale [ʀutdepaʀtmɑ̃tal]
langhaarig aux cheveux longs [oʃ(ə)vølɔ̃]
langsam lentement [lɑ̃tmɑ̃]
Laptop, der/das l'ordinateur portable *m* [ɔʀdinatœʀpɔʀtabl]
Lasagne, die les lasagnes *pl* [lazaɲ]
Lastwagen, der le camion [kamjɔ̃]
Latte macchiato, der/die le latte macchiato [latemakjato]
Lätzchen, das la bavette [bavɛt]
Lauch, der le poireau [pwaʀo]
laufen courir [kuʀiʀ]
Laufstall, der le parc (à bébé) [paʀk(abebe)]
laut(er) (plus) fort [(ply)fɔʀ]
Lautsprecher, der le haut-parleur [ˈopaʀlœʀ]
Lawine, die l'avalanche *f* [avalɑ̃ʃ]
Leber, die le foie [fwa]
Leberwurst, die le pâté de foie [pɑtedfwa]
lecker délicieux (-euse) [delisjø(z)]
Leder, das le cuir [kɥiʀ]
Leggings, die *Pl* le caleçon [kalsɔ̃]
Lehre, die l'apprentissage *m* [apʀɑ̃tisaʒ]
leidtun désoler [dezɔle]
Leinen, das le lin [lɛ̃]
Leiter, die l'échelle *f* [eʃɛl]
Leitung, die la ligne [liɲ]
Leitungswasser, das l'eau du robinet *f* [odyʀɔbinɛ]
lesen lire [liʀ]
letzte (r, s), dernier (-ière) [dɛʀnje, ɛʀ]
Lidschatten, der le fard à paupières [faʀapopjɛʀ]
Liegestuhl, der la chaise longue [ʃɛzlɔ̃g]
Likör, der la liqueur [likœʀ]
lila violet(te) [vjɔlɛ, ɛt]
Limette, die le citron vert [sitʀɔ̃vɛʀ]
Limonade, die la limonade [limɔnad]
Lineal, das la règle [ʀɛgl]
links à gauche [agoʃ]
Linse, die la lentille [lɑ̃tij]
Lippe, die la lèvre [lɛvʀ]
Lippenpflegestift, der le baume pour les lèvres [bompuʀlelɛvʀ]
Lippenstift, der le rouge à lèvres [ʀuʒalɛvʀ]
Liter, der/das le litre [litʀ]
Locke, die la boucle [bukl]
Lunge, die le poumon [pumɔ̃]
Lutscher, der la sucette [sysɛt]

M

Mädchen, das la (jeune) fille [(ʒœn)fij]
Mädchenname, der le nom de jeune fille [nɔ̃d(ə)ʒœnfij]
Magen, der l'estomac *m* [ɛstɔma]
mager (*Fleisch*) maigre [mɛgʀ]
Mai, der mai [mɛ]

Mais, der le maïs [mais]
Make-up, das le maquillage [makijaʒ]
Makrele, die le maquereau [makʀo]
mal multiplié (par) [myltiplije(paʀ)]
malen peindre [pɛ̃dʀ]
man on [ɔ̃]
manche maints (maintes) [mɛ̃(t)]
manchmal quelquefois [kɛlkəfwa]
Mandarine, die la mandarine [mɑ̃daʀin]
Mandel, die l'amande *f* [amɑ̃d]
Mango, die la mangue [mɑ̃g]
Mann, der l'homme *m* [ɔm]
männlich masculin(e) [maskylɛ̃, in]
Mantel, der le manteau [mɑ̃to]
Margarine, die la margarine [maʀgaʀin]
Markstand, der le stand de marché [stɑ̃ddəmaʀʃe]
Markt, der le marché [maʀʃe]
Marktverkäufer(in), der, (die) le, la marchand(e) *m(f)* [maʀʃɑ̃(d)]
Marmelade, die la confiture [kɔ̃fityʀ]
Martinshorn, das l'avertisseur à deux tons *m* [avɛʀtisœʀadøtɔ̃]
März, der mars [maʀs]
Mayonnaise, die la mayonnaise [majɔnɛz]
Medikament, das le médicament [medikamɑ̃]
Meer, das la mer [mɛʀ]
Mehl, das la farine [faʀin]
mehrfach/vielfach multiple [myltipl]
mehrmals plusieurs fois [plyzjœʀfwa]
Meile, die le mille [mil]
mein(e) mon (ma) [mɔ̃ (ma)]
meinen être d'avis [ɛtʀ(ə)davi]
Melone, die le melon [m(ə)lɔ̃]
Mensch, der l'homme *m* [ɔm]
Menstruation, die les règles *pl* [ʀɛgl]
Messer, das le couteau [kuto]
Meter, der/das le mètre [mɛtʀ]
Metzgerei, die la boucherie-charcuterie [buʃʀiʃaʀkytʀi]
Miesmuschel, die la moule [mul]
Migräne, die la migraine [migʀɛn]
Mikrowelle, die le (four à) micro-ondes [(fuʀa)mikʀoɔ̃d]
Milch, die le lait [lɛ]
Milchkaffee, der le café au lait [kafeolɛ]
Milchschaum, der le lait battu [lɛbaty]
Milliliter, der/das le millilitre [mililitʀ]
Millimeter, der/das le millimètre [milimɛtʀ]
Milz, die la rate [ʀat]
Mineralwasser, das l'eau minérale *f* [omineʀal]
minus moins [mwɛ̃]
Minute, die la minute [minyt]
mit avec [avɛk]
miteinander reden discuter ensemble [diskyte(ʀ)ɑ̃sɑ̃bl]
Mittag, der (le) midi [midi]
Mittagessen, das le déjeuner [deʒœne]
mittags à midi [amidi]
Mitte, die le milieu [miljø]
Mittelfinger, der le majeur [maʒœʀ]
Mitternacht, die (la) minuit [minɥi]
Mittwoch, der le mercredi [mɛʀkʀədi]
Mixer, der le mixeur [miksœʀ]
mögen aimer [eme]
Mond, der la lune [lyn]
Montag, der le lundi [lœ̃di]
Mord, der le meurtre [mœʀtʀ]
morgen demain [dəmɛ̃]
Morgen, der le matin [matɛ̃]
morgens le matin [ləmatɛ̃]
Motorrad, das la moto(cyclette) [moto(siklɛt)]
Motorschaden, der la panne de moteur [pandəmɔtœʀ]
Mousse, das la mousse au chocolat [musoʃɔkɔla]
MP3-Player, der le lecteur de MP3 [lɛktœʀdəempetʀwɑ]
müde fatigué(e) [fatige]
Muffin, der le muffin [mœfin]
Müllbeutel, der le sac poubelle [sakpubɛl]
Mülleimer, der la poubelle [pubɛl]
Mund, der la bouche [buʃ]
Mund-zu-Mund-Beatmung, die le bouche-à-bouche [buʃabuʃ]
Münze, die la pièce [pjɛs]
Museum, das le musée [myze]
Musical, das la comédie musicale [kɔmedimyzikal]
Musik, die la musique [myzik]
Muskel, der le muscle [myskl]
Müsli, das les céréales *pl* [seʀeal]
Mutter, die (*Frau*) la mère [mɛʀ]
Mutter, die (*Schraube*) l'écrou *m* [ekʀu]
Mütze, die le bonnet [bɔnɛ]

N

nach (*örtl.*) derrière [dɛʀjɛʀ]
nach (*zeitl.*) après [apʀɛ]
Nachbar(in), der, (die) le, la voisin(e) [vwazɛ̃, in]
nachdem après que [apʀɛkə]

Nachmittag, der l'après-midi *m/f* [apʀɛmidi]
nachmittags l'après-midi [lapʀɛmidi]
Nachname, der le nom de famille [nɔ̃d(ə)famij]
Nacht, die la nuit [nɥi]
Nachtisch, der le dessert [desɛʀ]
nachts la nuit [lanɥi]
Nachttisch, der la table de chevet [tabldəʃ(ə)vɛ]
Nacken, der la nuque [nyk]
Nadel, die l'aiguille *f* [egɥij]
Nagel, der (*Metallstift*) le clou [klu]
Nagel, der (*am Finger*) l'ongle *m* [ɔ̃gl]
Nagelfeile, die la lime à ongles [limaɔ̃gl]
Nagellack, der le vernis à ongles [vɛʀniaɔ̃gl]
Nagellackentferner, der le dissolvant à ongles [disɔlvɑ̃aɔ̃gl]
Nagelschere, die les ciseaux à ongles *pl* [sizoaɔ̃gl]
nah près [pʀɛ]
nähen coudre [kudʀ]
Nahrungsmittelintoleranz, die l'intolérance alimentaire *f* [ɛ̃tɔleʀɑ̃salimɑ̃tɛʀ]
Name, der le nom [nɔ̃]
Narbe, die la cicatrice [sikatʀis]
Narkose, die l'anesthésie *f* [anɛstezi]
Nase, die le nez [ne]
Nasenbluten, das le saignement de nez [sɛɲmɑ̃d(ə)ne]
Nationalität, die la nationalité [nasjɔnalite]
Naturfaser, die la fibre naturelle [fibʀnatyʀɛl]
Nebel, der le brouillard [bʀujaʀ]
neblig brumeux (-euse) [bʀymø(z)]
neben à côté (de) [akote(də)]
Nebenwirkung, die l'effet secondaire *m* [efɛs(ə)gɔ̃dɛʀ]
Neffe, der le neveu [n(ə)vø]
Nektarine, die la nectarine [nɛktaʀin]
nervös nerveux (-euse) [nɛʀvø(z)]
neun neuf [nœf]
neunzehn dix-neuf [diznœf]
neunzig quatre-vingt-dix [katʀəvɛ̃dis]
Nichte, die la nièce [njɛs]
niemals jamais [ʒamɛ]
niemand personne [pɛʀsɔn]
Niere, die le rein [ʀɛ̃]
niesen éternuer [etɛʀnye]
Norden, der le nord [nɔʀ]
nördlich au nord [onɔʀ]
Notarzt (-ärztin), der, (die) le médecin urgentiste [medsɛ̃yʀʒɑ̃tist]
Notaufnahme, die le service des urgences [sɛʀvisdezyʀʒɑ̃s]
Notausgang, der la sortie de secours [sɔʀtidəs(ə)kuʀ]
Notizbuch, das le bloc-notes [blɔknɔt]
Notruf, der l'appel d'urgence *m* [apɛldyʀʒɑ̃s]
Notrufnummer, die le numéro d'appel d'urgence [nymeˈʀodapɛldyʀˈʒɑ̃s]
November, der novembre [nɔvɑ̃bʀ]
Nudeln, die *Pl* les pâtes *pl* [pɑt]
null zéro [zeʀo]
Nuss, die la noix [nwa]
Nussnougatcreme, die la pâte à tartiner au chocolat [pɑtatartineoʃɔkɔla]
Nylon®, das le nylon® [nilɔ̃]

O

ob si [si]
oben en haut [ɑ̃ˊo]
oberhalb au-dessus (de) [od(ə)sy(də)]
Oberkörper, der le torse [tɔʀs]
Oberschenkel, der la cuisse [kɥis]
Objektiv, das l'objectif *m* [ɔbʒɛktif]
Obst- und Gemüsehändler, der le marchand de fruits et légumes [maʀˈʃɑ̃d(ə)fʀɥi(z)eleˈgym]
Obstsalat, der la salade de fruits [saladdəfʀɥi]
obwohl bien que [bjɛ̃kə]
oder ou [u]
Öffnungszeiten, die *Pl* les heures d'ouverture *pl* [œʀduvɛʀtyʀ]
ohne sans [sɑ̃]
ohne Eier sans œufs [sɑ̃zø]
Ohr, das l'oreille *f* [ɔʀɛj]
Ohrenschmerzen, die *Pl* le mal aux oreilles [malozɔʀɛj]
Ohrring, der la boucle d'oreille [bukldɔʀɛj]
Oktober, der octobre [ɔktɔbʀ]
Öl, das l'huile *f* [ɥil]
Olive, die l'olive *f* [ɔliv]
Omelett, das l'omelette *f* [ɔmlɛt]
Onkel, der l'oncle *m* [ɔ̃kl]
Onlinebanking, das la banque en ligne [bɑ̃kɑ̃liɲ]
Oper, die l'opéra *m* [ɔpeʀa]
Operation, die l'opération *f* [ɔpeʀasjɔ̃]
Operationssaal, der la salle d'opération [saldɔpeʀasjɔ̃]
operieren opérer [ɔpeʀe]
Orange, die l'orange *f* [ɔʀɑ̃ʒ]
orange orange [ɔʀɑ̃ʒ]
Orangensaft, der le jus d'orange [ʒydɔʀɑ̃ʒ]

Organ, das l'organe *m* [ɔʀgan]
Osten, der l'est *m* [ɛst]
östlich à l'est [alɛst]
Outdoorjacke, die la veste d'extérieur [vɛst(ə)dɛksteʀjœʀ]
oval ovale [ɔval]

P

Paar, das le couple [kupl]
paniert pané(e) [pane]
Panne, die la panne [pan]
Pannendienst, der le service de dépannage [sɛʀvisdədepanaʒ]
Papiertaschentuch, das le mouchoir en papier [muʃwaʀɑ̃papje]
Paprika, die (*Schote*) le poivron [pwavʀɔ̃]
parken se garer [s(ə)gaʀe]
Parkett, das le parquet [paʀkɛ]
Parkhaus, das le parking couvert [paʀkiŋkuvɛʀ]
Parkplatz, der le parking [paʀkiŋ]
Partner(in), der, (die) le, la partenaire [paʀtənɛʀ]
Party, die la soirée [swaʀe]
Password, das le mot de passe [mod(ə)pɑs]
Patchworkfamilie, die la famille recomposée [famijʀəkɔ̃poze]
Patient(in), der, die le, la patient(e) [pasjɑ̃(t)]
Penis, der le pénis [penis]
Penne, die *Pl* les pennes *pl* [pen]
Pension, die la pension [pɑ̃sjɔ̃]
Perle, die la perle [pɛʀl]
Petersilie, die le persil [pɛʀsi]
Pfanne, die la poêle [pwal]
Pfeffer, der le poivre [pwavʀ]
Pfeife, die la pipe [pip]
Pferdeschwanz, der la queue de cheval [kødəʃ(ə)val]
Pfirsich, der la pêche [pɛʃ]
Pflanze, die la plante [plɑ̃t]
Pflaster, das le sparadrap [spaʀadʀa]
Pflaume, die la prune [pʀyn]
Pfleger, der l'infirmier *m* [ɛ̃fiʀmje]
Pfund, das la livre [livʀ]
Piercing, das le piercing [piʀsiŋ]
Pille danach, die la pilule du lendemain [pilyldylɑ̃dmɛ̃]
Pilot(in), der, (die) le, la pilote [pilɔt]
Pils, das la pils [pils]
Pilz, der le champignon [ʃɑ̃piɲɔ̃]
Pizza, die la pizza [pidza]
Planet, der la planète [planɛt]
Platz, der la place [plas]
plus plus [plys]
Polizei, die la police [pɔlis]
Polizeiauto, das la voiture de police [vwatyʀdəpɔlis]
Polizist(in), der, (die) le, la policier (-ière) [pɔlisje, ɛʀ]
Polyester, das le polyester [pɔliɛstɛʀ]
Pommes frites, die *Pl* les (pommes de terre) frites *pl* [(pɔmdətɛʀ)fʀit]
Popcorn, das le pop-corn [pɔpkɔʀn]
Postkarte, die la carte postale [kaʀtpɔstal]
Praline, die la crotte en chocolat [kʀɔtɑ̃ʃɔkɔla]
Preis, der le prix [pʀi]
Preiselbeere, die l'airelle rouge *f* [ɛʀɛlʀuʒ]
preiswert bon marché [bɔ̃maʀʃe]
Prellung, die la contusion [kɔ̃tyzjɔ̃]
Prepaid-Karte, die la carte prépayée [kaʀtpʀepeje]
pressen pousser [puse]
Prothese, die la prothèse [pʀɔtɛz]
Provider, der le fournisseur d'accès [fuʀnisœʀdaksɛ]
Pudding, der le flan [flɑ̃]
Pullover, der le pull-over [pylɔvɛʀ]
Puls, der le pouls [pu]
Pute, die la dinde [dɛ̃d]
Putenfleisch, das la viande de dinde [vjɑ̃ddədɛ̃d]
putzen nettoyer [netwaje]
Putzmittel, das le produit d'entretien [pʀɔdɥidɑ̃tʀətjɛ̃]

Q

quadratisch carré(e) [kaʀe]
Quadratmeter, der/das le mètre carré [mɛtʀkaʀe]
Quark, der le fromage blanc [fʀɔmaʒblɑ̃]
Quittung, die le reçu [ʀ(ə)sy]

R

Rad fahren faire du vélo [fɛʀdyvelo]
Radiergummi, der/das la gomme [gɔm]
Radieschen, das le radis [ʀadi]
Radio, das la radio [ʀadjo]
Rasen, der la pelouse [p(ə)luz]
Rasen mähen tondre la pelouse [tɔ̃dʀlap(ə)luz]

Rasenmäher, der la tondeuse à gazon [tɔ̃døzagɑzɔ̃]
Rasierapparat, der le rasoir électrique [ʀɑzwaʀelɛktʀik]
Rasierklinge, die la lame de rasoir [lamdəʀɑzwaʀ]
Rasierpinsel, der le blaireau [blɛʀo]
Rasierschaum, der la mousse à raser [musaʀɑze]
Raststätte, die l'aire de repos *f* [ɛʀdəʀ(ə)po]
Rathaus, das l'hôtel de ville *m* [otɛldəvil]
Rätselheft, das le magazine de jeux, devinettes, mots croisés [maga'zind(ə)ʒød(ə)vi'nɛtmokʀwa'ze]
Raub, der le vol (à main armée) [vɔl(amɛ̃aʀme)]
Rauch, der la fumée [fyme]
rauchen fumer [fyme]
Rauchmelder, der le détecteur de fumée [detɛktœʀd(ə)fyme]
Rauchvergiftung, die l'intoxication par la fumée *f* [ɛ̃tɔksika'sjɔ̃paʀlafy'me]
Rechnung, die l'addition, *f* [adisjɔ̃]
rechts à droite [adʀwat]
reduziert soldé(e) [sɔlde]
Reformhaus, das le magasin de produits diététiques [maga'zɛ̃d(ə) pʀɔdɥidjete'tik]
Regal, das l'étagère *f* [etaʒɛʀ]
Regen, der la pluie [plɥi]
Regenmantel, der l'imperméable *m* [ɛ̃pɛʀmeabl]
Regenschirm, der le parapluie [paʀaplɥi]
regional régional(e) [ʀeʒjɔnal]
regnen pleuvoir [pløvwaʀ]
reif mûr(e) [myʀ]
Reis, der le riz [ʀi]
Reiseführer, der le guide touristique [gidtuʀistik]
reisen voyager [vwajaʒe]
Reisepass, der le passeport [pɑspɔʀ]
Reisetasche, die le sac de voyage [sakdəvwajaʒ]
Reißverschluss, der la fermeture à glissière [fɛʀmətyʀaglisjɛʀ]
Reißzwecke, die la punaise [pynɛz]
reiten faire du cheval [fɛʀdyʃ(ə)val]
Rentner(in), der, (die) le, la retraité(e) [ʀ(ə)tʀɛte]
Reptil, das le reptile [ʀɛptil]
reservieren réserver [ʀezɛʀve]
Restaurant, das le restaurant [ʀɛstɔʀɑ̃]
retten sauver [sove]
Rettungssanitäter(in), der, (die) le, la secouriste [s(ə)kuʀist]
Rettungsschwimmer(in), der, (die) le sauveteur [sov(ə)tœʀ]
Rezept, das (*kochen*) la recette [ʀ(ə)sɛt]
Rezept das (*vom Arzt*), l'ordonnance *f* [ɔʀdɔnɑ̃s]
rezeptpflichtig délivré(e) uniquement sur ordonnance [deli'vʀeynik'mɑ̃syʀɔʀdɔ'nɑ̃s]
Rhabarber, der la rhubarbe [ʀybaʀb]
Rigatoni, die *Pl* les rigatonis *pl* [ʀigatɔni]
Rindfleisch, das la viande de bœuf [vjɑ̃ddəbœf]
Ring, der la bague [bag]
Ringfinger, der l'annulaire *m* [anylɛʀ]
Rippe, die la côte [kot]
Rock, der la jupe [ʒyp]
Rollator, der le déambulateur [deɑ̃bylatœʀ]
Rollkragen, der le coll roulé [kɔlʀule]
Rollladen, der le volet roulant [vɔlɛʀulɑ̃]
Rollstuhl, der le fauteuil roulant [fotœjʀulɑ̃]
Rollstuhlfahrer(in), der, (die) la personne en fauteuil roulant [pɛʀsɔnɑ̃fotœjʀulɑ̃]
Rolltreppe, die l'escalator *m* [ɛskalatɔʀ]
röntgen radiographier [ʀadjɔgʀafie]
rosa rose [ʀoz]
Rosenkohl, der le chou de Bruxelles [ʃudbʀy(k)sɛl]
Roséwein, der le vin rosé [vɛ̃ʀoze]
Rosine, die le raisin sec [ʀɛzɛ̃sɛk]
Rösti, die les galettes de pommes de terre *pl* [galɛtdəpɔmdətɛʀ]
rot rouge [ʀuʒ]
rothaarig roux (rousse) [ʀu, ʀus]
Rotwein, der le vin rouge [vɛ̃ʀuʒ]
Rouge, das le rouge à joues [ʀuʒaʒu]
Rücken, der le dos [do]
Rucksack, der le sac à dos [sakado]
Rucola, der la roquette [ʀɔkɛt]
Rührei, das l'œuf brouillé *m* [œfbʀuje]
Ruine, die la ruine [ʀɥin]
Rum, der le rhum [ʀɔm]
rund rond(e) [ʀɔ̃(d)]

S

Saft, der le jus [ʒy]
Säge, die la scie [si]
sagen dire [diʀ]

sägen scier [sje]
Sahne, die la crème [kʀɛm]
saisonal saisonnier (-ière) [sɛzɔnje, ɛʀ]
Salami, die le saucisson [sosisɔ̃]
Salat, der la salade [salad]
Salbe, die la pommade [pɔmad]
Salmonellen, die *Pl* les salmonelles *pl* [salmɔnɛl]
Salz, das le sel [sɛl]
salzig salé(e) [sale]
Salzstangen, die *Pl* les sticks (salés) *pl* [stik(sale)]
Samstag, der le samedi [samdi]
Sandale, die la sandale [sɑ̃dal]
satt rassasié(e) [ʀasazje]
sauer aigre [ɛgʀ]
saugen passer l'aspirateur [pɑselaspiʀatœʀ]
Saugflasche, die le biberon [bibʀɔ̃]
Säugling, der le nourrisson [nuʀisɔ̃]
saure/süße Sahne, die la crème sure/sucrée [kʀɛmsyʀ/sykʀe]
S-Bahn, die le train de banlieue [tʀɛ̃d(ə)bɑ̃ljø]
scannen scanner [skane]
Schaffner(in), der, (die) le, la contrôleur (-euse) [kɔ̃tʀolœʀ, øz]
Schal, der l'écharpe *f* [eʃaʀp]
Schale, die l'écorce *f* [ekɔʀs]
schälen éplucher [eplyʃe]
Schalotte, die l'échalote *f* [eʃalɔt]
Schaltjahr, das l'année bissextile *f* [anebisɛkstil]
scharf épicé(e) [epise]
Schaufenster, das la vitrine [vitʀin]
Scheibe, die (*Brot*) la tranche (de pain) [tʀɑ̃ʃ(dəpɛ̃)]
Scheide, die le vagin [vaʒɛ̃]
Schere, die les ciseaux *pl* [sizo]
Schienbein, das le tibia [tibja]
Schiene, die l'attelle *f* [atɛl]
Schiff, das le bateau [bato]
Schild, das le panneau [pano]
Schilddrüse, die la glande thyroïde [glɑ̃dtiʀɔid]
Schinken, der le jambon [ʒɑ̃bɔ̃]
Schlafanzug, der le pyjama [piʒama]
Schlaftablette, die le somnifère [sɔmnifɛʀ]
Schlafzimmer, das la chambre à coucher [ʃɑ̃bʀakuʃe]
Schlaganfall, der l'attaque cérébrale *f* [ataksеʀebʀal]
Schlagsahne, die la crème fouettée [kʀɛmfwete]
Schlange, die (*Warteschlange*) la queue (d'attente) [kø(datɑ̃t)]
schlank mince [mɛ̃s]
schlecht mauvais(e) [movɛ(z)]
schlürfen boire bruyamment [bwaʀbʀɥijamɑ̃]
Schlüssel, der la clé [kle]
schmatzen faire du bruit en mâchant [fɛʀdybʀɥiɑ̃mɑʃɑ̃]
schmecken être bon(ne) [ɛtʀbɔ̃, bɔn]
Schmerzen, die *Pl* les douleurs *pl* [dulœʀ]
Schmerzmittel, das l'analgésique *m* [analʒezik]
Schmuck, der le bijou [biʒu]
schmutzig sale [sal]
Schnaps, der l'eau-de-vie *f* [od(ə)vi]
Schnee, der la neige [nɛʒ]
Schneidebrett, das la planche à découper [plɑ̃ʃadekupe]
schneien neiger [neʒe]
Schnitzel, das l'escalope *f* [ɛskalɔp]
Schnuller, der la sucette [sysɛt]
Schnupfen, der le rhume [ʀym]
Schnurrbart, der la moustache [mustaʃ]
Schnürsenkel, der le lacet [lasɛ]
Schokolade, die le chocolat [ʃɔkɔla]
Schokoriegel, der la barre chocolatée [baʀʃɔkɔlate]
Scholle, die le carrelet [kaʀlɛ]
schön beau (belle) [bo, bɛl]
Schorle, die le jus de pomme coupé d'eau gazeuse [ʒyd(ə) pɔmkupedogɑzøz]
Schrank, der l'armoire *f* [aʀmwaʀ]
Schraube, die la vis [vis]
schrauben visser [vise]
Schraubenzieher, der le tournevis [tuʀnəvis]
schreiben écrire [ekʀiʀ]
Schreibtisch, der le bureau [byʀo]
schreien crier [kʀije]
schüchtern timide [timid]
Schuh, der la chaussure [ʃosyʀ]
Schuhcreme, die le cirage [siʀaʒ]
Schuhgeschäft, das le magasin de chaussures [magazɛ̃d(ə)ʃosyʀ]
Schuhgröße, die la pointure [pwɛ̃tyʀ]
Schulden, die *Pl* les dettes *pl* [dɛt]
Schule, die l'école *f* [ekɔl]
Schüler(in), der, (die) l'élève *m, f* [elɛv]
Schulter, die l'épaule *f* [epol]
Schürze, die le tablier [tɑblije]
Schüssel, die le bol [bɔl]
Schüttelfrost, der les frissons *pl* [fʀisɔ̃]
Schwager, der le beau-frère [bofʀɛʀ]

Schwägerin, die la belle-sœur [bɛlsœʀ]
Schwamm , der l'éponge *f* [epɔ̃ʒ]
schwanger enceinte [ɑ̃sɛ̃t]
Schwangerschaftstest, der le test de grossesse [tɛstdəgʀosɛs]
schwarz noir(e) [nwaʀ]
Schwarztee, der le thé noir [tenwaʀ]
Schweinebraten, der le rôti de porc [ʀotid(ə)pɔʀ]
Schweinefleisch, das la viande de porc [vjɑ̃ddəpɔʀ]
Schweizer Franken, der le franc suisse [fʀɑ̃sɥis]
Schwester, die la sœur [sœʀ]
Schwiegermutter, die la belle-mère [bɛlmɛʀ]
Schwiegersohn, der le gendre [ʒɑ̃dʀ]
Schwiegertochter, die la belle-fille [bɛlfij]
Schwiegervater, der le beau-père [bopɛʀ]
Schwimmbad, das la piscine [pisin]
schwimmen nager [naʒe]
Schwindel, der le vertige [vɛʀtiʒ]
schwindelig qui a le vertige [kialvɛʀtiʒ]
sechs six [sis]
sechszehn seize [sɛz]
sechzig soixante [swasɑ̃t]
See, der le lac [lak]
Seeteufel, der la lotte [lɔt]
Seezunge, die la sole [sɔl]
sehbehindert malvoyant(e) [malvwajɑ̃(t)]
Sehenswürdigkeit, die la curiosité [kyʀjozite]
Sehne, die le tendon [tɑ̃dɔ̃]
Seide, die la soie [swa]
Seife, die le savon [savɔ̃]
sein(e) (*männl/sächl*), son (sa) [sɔ̃ (sa)]
seit depuis [dəpɥi]
seitdem depuis [dəpɥi]
Sekt, der le (vin) mousseux [(vɛ̃)musø]
Sekunde, die la seconde [s(ə)gɔ̃d]
selbst gebacken fait maison [fɛmɛzɔ̃]
selbstständig sein être travailleur indépendant [ɛtʀ(ə) tʀavaˈjœʀɛ̃depɑ̃ˈdɑ̃]
Senf, der la moutarde [mutaʀd]
September, der septembre [sɛptɑ̃bʀ]
Serviette, die la serviette [sɛʀvjɛt]
Sessel, der le fauteuil [fotœj]
Shampoo, das le shampooing [ʃɑ̃pwɛ̃]
Sherry, der le sherry [ʃeʀi]
shoppen gehen aller faire les magasins [aleˈfɛʀlemagaˈzɛ̃]
Shorts, die *Pl* le short [ʃɔʀt]
sich ... fühlen se sentir ... [səsɑ̃tiʀ]
sich abtrocknen se sécher [səseʃe]
sich bedanken remercier [ʀ(ə)mɛʀsje]
sich beschweren se plaindre [s(ə)plɛ̃dʀ]
sich die Haare waschen se laver la tête [səlavelatɛt]
sich die Zähne putzen se brosser les dents [səbʀɔseledɑ̃]
sich duschen se doucher [səduʃe]
sich eincremen se mettre de la crème [səmɛtʀdəlakʀɛm]
sich einsetzen für ... s'investir dans ... [sɛ̃vɛstiʀdɑ̃]
sich freimachen se déshabiller [sədezabije]
sich kämmen se coiffer [səkwafe]
sich rasieren se raser [səʀɑze]
sich schminken se maquiller [səmakije]
sich sonnen bronzer [bʀɔ̃ze]
sich treffen se rencontrer [s(ə)ʀɑ̃kɔ̃tʀe]
sich übergeben vomir [vɔmiʀ]
sich unterhalten s'entretenir [sɑ̃tʀət(ə)niʀ]
sich verabreden se donner rendez-vous [s(ə)dɔˈneʀɑ̃deˈvu]
sich waschen se laver [səlave]
Sicherheitskontrolle, die le contrôle de sécurité [kɔ̃tʀoldəsekyʀite]
Sicherheitsnadel, die l'épingle de sûreté *f* [epɛ̃gldəsyʀte]
Sicherung, die le fusible [fyzibl]
sie (*2. Ps. Pl*) vous [vu]
sie (*3. Ps. Sg*) elle *f* [ɛl]
Sie (*3. Ps. Pl*) vous [vu]
sie (*3. Ps. Pl*) ils (elles) [il, ɛl]
sieben sept [sɛt]
siebzehn dix-sept [dissɛt]
siebzig soixante-dix [swasɑ̃tdis]
silberfarben argenté(e) [aʀʒɑ̃te]
SIM-Karte, die la carte SIM [kaʀtsim]
simsen envoyer un texto [ɑ̃vwajeœ̃tɛksto]
Sirene, die la sirène [siʀɛn]
Skelett, das le squelette [skəlɛt]
Ski fahren faire du ski [fɛʀdyski]
Skibrille, die les lunettes de ski *pl* [lynɛtdəski]
Skihose, die le pantalon de ski [pɑ̃talɔ̃d(ə)ski]
Skistiefel, der la chaussure de ski [ʃosyʀdəski]
skypen skyper [skipe]
Slipeinlage, die le protège-slip [pʀɔtɛʒslip]

Smartphone, das le smartphone [smaʀtfɔn]
SMS, die le texto [tɛksto]
Socken, die *Pl* les chaussettes *pl* [ʃosɛt]
Sofa, das le canapé [kanape]
Sohle, die la semelle [s(ə)mɛl]
Sohn, der le fils [fis]
Sojabohne, die la graine de soja [gʀɛndəsɔʒa]
Sommer, der l'été *m* [ete]
Sommersprossen, die *Pl* les taches de rousseur *pl* [taʃdəʀusœʀ]
Sonderangebot, das l'offre spéciale *f* [ɔfʀ(ə)spesjal]
sondern mais [mɛ]
Sonne, die le soleil [sɔlɛj]
Sonnenaufgang, der le lever du soleil [l(ə)vedysɔlɛj]
Sonnenbrand, der le coup de soleil [kud(ə)sɔlɛj]
Sonnenbrille, die les lunettes de soleil *pl* [lynɛtdəsɔlɛj]
Sonnencreme, die la crème solaire [kʀɛmsɔlɛʀ]
sonnengebräunt bronzé(e) [bʀɔ̃ze]
sonnengereift mûri(e) au soleil [myʀiosɔlɛj]
Sonnenschein, der le soleil [sɔlɛj]
Sonnenschirm, der le parasol [paʀasɔl]
Sonnenstich, der l'insolation *f* [ɛ̃sɔlasjɔ̃]
Sonnenuntergang, der le coucher du soleil [kuʃedysɔlɛj]
Sonntag, der le dimanche [dimɑ̃ʃ]
Soße, die la sauce [sos]
Souvenirladen, der le magasin de souvenirs [magazɛ̃d(ə)suv(ə)niʀ]
sowohl ... als auch aussi bien ... que [osibjɛ̃ ... kə]
Sozialen Medien, die *Pl* les médias sociaux *pl* [medjasɔsjo]
Spaghetti, die *Pl* les spaghettis *pl* [spageti]
Spaghetti Bolognese, die *Pl* les spaghettis bolognaise *pl* [spagetibɔlɔɲɛz]
Spargel, der l'asperge *f* [aspɛʀʒ]
spät tard [taʀ]
später plus tard [plytaʀ]
Spätzle, die *Pl* les spaetzle *pl* [ʃpɛtslə]
Speicherkarte, die la carte à mémoire [kaʀtamemwaʀ]
speichern sauvegarder [sovgaʀde]
Speisekarte, die le menu [məny]
Speiseröhre, die l'œsophage *m* [ezɔfaʒ]
Spiegel, der le miroir [miʀwaʀ]
Spiegelei, das l'œuf au plat *m* [œfopla]
Spielplatz, der le terrain de jeux [teʀɛ̃d(ə)ʒø]
Spielzeug, das le jouet [ʒwɛ]
Spinat, der l'épinard *m* [epinaʀ]
spitz pointu(e) [pwɛ̃ty]
Spitzer, der le taille-crayon [tɑjkʀɛjɔ̃]
Sport, der le sport [spɔʀ]
Sportgeschäft, das le magasin de sport [magazɛ̃dspɔʀ]
Spray, der/das le spray [spʀɛ]
sprechen parler [paʀle]
Sprechstunde, die la consultation [kɔ̃syltasjɔ̃]
Sprechzimmer, das le cabinet [kabinɛ]
Spritze, die la piqûre [pikyʀ]
Spülmaschine, die le lave-vaisselle [lavvɛsɛl]
Spülmittel, das le produit pour la vaisselle [pʀɔdɥipuʀlavɛsɛl]
Stäbchen, die *Pl* les baguettes *pl* [bagɛt]
Stachelbeere, die la groseille à maquereau [gʀozɛjamakʀo]
Stadt, die la ville [vil]
Städtereise, die le circuit en ville [siʀkɥiɑ̃vil]
Stadtplan, der le plan de la ville [plɑ̃d(ə)lavil]
Stadtteil, der le quartier [kaʀtje]
Stangensellerie, der/die le céleri en branches [sɛlʀiɑ̃bʀɑ̃ʃ]
starten décoller [dekɔle]
Starthilfe, die l'aide au démarrage *f* [ɛdodemaʀaʒ]
Station, die le service (médical) [sɛʀvis(medikal)]
stationär hospitalisé(e) [ɔspitalize]
Stativ, das le pied [pje]
statt au lieu de [oljødə]
Stau, der l'embouteillage *m* [ɑ̃butɛjaʒ]
Staubsauger, der l'aspirateur *m* [aspiʀatœʀ]
Staubtuch, das le torchon à poussière [tɔʀʃɔ̃apusjɛʀ]
Steak, das le steak [stɛk]
Steckdose, die la prise (de courant) [pʀiz(dəkuʀɑ̃)]
Stecker, der la prise [pʀiz]
Steinpilz, der le cèpe [sɛp]
Steppe, die la steppe [stɛp]
sterben mourir [muʀiʀ]
Stern, der l'étoile *f* [etwal]
Stethoskop, das le stéthoscope [stetɔskɔp]
Stich, der la piqûre [pikyʀ]

Stiefel, der la botte [bɔt]
Stiefmutter, die la belle-mère [bɛlmɛʀ]
Stiefsohn, der le beau-fils [bofis]
Stieftochter, die la belle-fille [bɛlfij]
Stiefvater, der le beau-père [bopɛʀ]
stillen allaiter [alete]
Stirn, die le front [fʀɔ̃]
Stockwerk, das l'étage *m* [etaʒ]
Strafzettel, der la contravention [kɔ̃tʀavɑ̃sjɔ̃]
Strampelanzug, der la grenouillère [gʀənujɛʀ]
Strand, der la plage [plaʒ]
Straße, die (*Land*) la route [ʀut]
Straße, die (*Stadt*) la rue [ʀy]
streamen diffuser en mode continu [dify'zeɑ̃mɔdkɔ̃ti'ny]
Streichholz, das l'allumette *f* [alymɛt]
Streit, der la dispute [dispyt]
streiten se disputer [s(ə)dispyte]
Strom, der le courant [kuʀɑ̃]
Strümpfe, die *Pl* les bas *pl* [bɑ]
Strumpfhose, die le collant [kɔlɑ̃]
Student(in), der, (die) l'étudiant(e) *m(f)* [etydjɑ̃(t)]
Stuhl, der la chaise [ʃɛz]
Stuhlgang, der les selles *pl* [sɛl]
stumm muet(te) [mɥɛ(t)]
Stunde, die l'heure *f* [œʀ]
stündlich toutes les heures [tutlezœʀ]
Sturm, der la tempête [tɑ̃pɛt]
Süden, der le sud [syd]
südlich au sud [osyd]
Supermarkt, der le supermarché [sypɛʀmaʀʃe]
Suppe, die la soupe [sup]
surfen surfer [sœʀfe]
Sushi, das le sushi [syʃi]
süß sucré(e) [sykʀe]
Süßigkeiten, die *Pl* les sucreries *pl* [sykʀəʀi]
Süßkartoffel, die la patate douce [patat(ə)dus]
Süßspeise, die l'entremets *m* [ɑ̃tʀəmɛ]
Süßstoff, der l'édulcorant *m* [edylkɔʀɑ̃]
Sweatshirt, das le sweat-shirt [switʃœʀt]

T

Tabak, der le tabac [taba]
Tablet, das la tablette (tactile) [tablɛt(taktil)]
Tablett, das le plateau [plato]
Tablette, die le comprimé [kɔ̃pʀime]
Tag, der le jour [ʒuʀ]
Tagliatelle, die *Pl* les tagliatelles *pl* [taljatɛl]
täglich quotidien(ne) [kɔtidjɛ̃, ɛn]
Taille, die la taille [tɑj]
Tampon, der le tampon (hygiénique) [tɑ̃pɔ̃(iʒjenik)]
tanken faire le plein [fɛʀləplɛ̃]
Tankstelle, die la station-service [stasjɔ̃sɛʀvis]
Tante, die la tante [tɑ̃t]
tanzen danser [dɑ̃se]
tanzen gehen aller danser [aledɑ̃se]
Tarif, der le tarif [taʀif]
Tasche, die la poche [pɔʃ]; le sac [sak]
Taschenrechner, der la calculette [kalkylɛt]
Tasse, die la tasse [tɑs]
Täter(in), der, (die) le, la coupable [kupabl]
Tattoo, das le tatouage [tatwaʒ]
Taxi, das le taxi [taksi]
Tee, der le thé [te]
Teebeutel, der le sachet de thé [saʃɛdəte]
Teelöffel, der la petite cuillère [p(ə)titkɥijɛʀ]
Telefon, das le téléphone [telefɔn]
telefonieren téléphoner [telefɔne]
Telefonnummer, die le numéro de téléphone [nymeʀod(ə)telefɔn]
Teller, der l'assiette *f* [asjɛt]
Temperatur, die la température [tɑ̃peʀatyʀ]
Tennis, das le tennis [tenis]
Teppich, der le tapis [tapi]
Termin, der le rendez-vous [ʀɑ̃devu]
Terrasse, die la terrasse [teʀas]
Terrorismus, der le terrorisme [teʀɔʀism]
Tesafilm®, der le scotch® [skɔtʃ]
teuer cher (chère) [ʃɛʀ]
Theater, das le théâtre [teɑtʀ]
Thunfisch, der le thon [tɔ̃]
Ticket, das le billet [bijɛ]
tief einatmen inspirer à fond [ɛ̃spiʀeafɔ̃]
Tiefkühlgemüse, das le légume surgelé [legymsyʀʒəle]
Tier, das l'animal *m* [animal]
Tintenfisch, der le calamar [kalamaʀ]
tippen taper [tape]
Tisch, der la table [tabl]
Tischdecke, die la nappe [nap]
Toaster, der le grille-pain [gʀijpɛ̃]
Tochter, die la fille [fij]
Tod, der la mort [mɔʀ]

Tofu, der le tofu [tofy]
Toilette, die le W.-C. [vese]
Toilettenpapier, das le papier hygiénique [papjeiʒjenik]
Tomate, die la tomate [tɔmat]
Tonne, die la tonne [tɔn]
Topf, der la casserole [kasʀɔl]
Topflappen, der la manique [manik]
Tortellini, die *Pl* les tortellinis *pl* [tɔʀtelini]
tot mort(e) [mɔʀ(t)]
Tote, der, die le, la mort(e) [mɔʀ(t)]
Touristeninformation, die l'office de tourisme *m* [ɔfisd(ə)tuʀism]
Trage, die la civière [sivjɛʀ]
tragen porter [pɔʀte]
traurig triste [tʀist]
Trekkinghose, die le pantalon de trekking [pɑ̃talɔ̃dətʀekiŋ]
Treppe, die l'escalier *m* [ɛskalje]
Treppenhaus, das la cage d'escalier [kaʒdɛskalje]
trinken boire [bwaʀ]
Trinkgeld, das le pourboire [puʀbwaʀ]
Trockner, der le sèche-linge [sɛʃlɛ̃ʒ]
Trolley, der la valise à roulettes [valizaʀulɛt]
Tropfen, die *Pl* les gouttes *pl* [gut]
trotz malgré [malgʀe]
T-Shirt, das le tee-shirt [tiʃœʀt]
Tunnel, der le tunnel [tynɛl]
Tür, die la porte [pɔʀt]
türkis turquoise [tyʀkwaz]
Turm, der la tour [tuʀ]
Turnschuh, der la chaussure de sport [ʃosyʀdəspɔʀt]
Tüte, die la pochette [pɔʃɛt]
Tweet, der le tweet [twit]
twittern twitter [twite]

U

U-Bahn, die le métro [metʀo]
Übelkeit, die la nausée [noze]
über au-dessus [od(ə)su]
überbacken gratiné(e) [gʀatine]
Überfall, der l'agression *f* [agʀesjɔ̃]
überleben survivre [syʀvivʀ]
übermorgen après-demain [apʀɛd(ə)mɛ̃]
überrascht surpris(e) [syʀpʀi(z)]
übersetzen traduire [tʀadɥiʀ]
Überweisung, die le transfert [tʀɑ̃sfɛʀ]
überziehen (*Konto*) dépasser [depɑse]
Uhr, die la montre [mɔ̃tʀ]
Ultraschalluntersuchung, die l'échographie *f* [ekogʀafi]
Umkleidekabine, die la cabine d'essayage [kabindesɛjaʒ]
umrühren remuer [ʀəmɥe]
Umschlag, der la couverture [kuvɛʀtyʀ]
umsteigen changer [ʃɑ̃ʒe]
umtauschen (etwas gegen etwas) échanger [eʃɑ̃ʒe]
umtauschen (*Geld*) changer [ʃɑ̃ʒe]
unsympathisch antipathique [ɑ̃tipatik]
unzufrieden insatisfait(e) [ɛ̃satisfɛ(t)]
und et [e]
unecht faux (fausse) [fo(s)]
Unfall, der l'accident *m* [aksidɑ̃]
ungiftig comestible [kɔmɛstibl]
Universität, die l'université *f* [ynivɛʀsite]
unrasiert non rasé(e) [nɔ̃ʀɑze]
unser(e) notre [nɔtʀ]
unten en bas [ɑ̃bɑ]
unter sous [su]
unterhalb au-dessous (de) [od(ə)su(də)]
Unterhemd, das le tricot de corps [tʀikod(ə)kɔʀ]
Unterhose, die le slip [slip]
Unternehmen, das l'entreprise *f* [ɑ̃tʀəpʀiz]
unterschreiben signer [siɲe]
Unterschrift, die la signature [siɲatyʀ]
untersuchen examiner [ɛgzamine]
Untersuchung, die l'examen *m* [ɛgzamɛ̃]
Untertasse, die la soucoupe [sukup]
Unze, die l'once *f* [ɔ̃s]
Urinprobe, die l'échantillon d'urine *m* [eʃɑ̃tijɔ̃dyʀin]
Urwald, der la forêt vierge [fɔʀɛvjɛʀʒ]
USB-Stick, der la clé USB [kleyɛsbe]

V

Vater, der le père [pɛʀ]
vegan végan [vegɑ̃]
vegetarisch végétarien(ne) [veʒetaʀjɛ̃, ɛn]
Veggieburger, der le hamburger végétarien [ˈɑ̃bœʀgœʀveʒetaʀjɛ̃]
Vene, die la veine [vɛn]
verängstigt effrayé(e) [efʀeje]
Verband, der le pansement [pɑ̃smɑ̃]
verbinden bander [bɑ̃de]
Verbrechen, das le crime [kʀim]
Verbrecher(in), der, (die) le, la criminel(le) [kʀiminɛl]
Verbrennung, die la brûlure [bʀylyʀ]
Verdächtige, der/die le, la suspect(e) [syspɛ, syspɛkt]

Vergewaltigung, die le viol [vjɔl]
Vergiftung, die l'empoisonnement *m* [ɑ̃pwazɔnmɑ̃]
verkaufen vendre [vɑ̃dʀ]
Verkäufer(in), der, (die) le, la vendeur (-euse) [vɑ̃dœʀ, øz]
Verkehr, der la circulation [siʀkylasjɔ̃]
Verkehrsschild, das le panneau de circulation [panod(ə)siʀkylasjɔ̃]
Verlängerungskabel, das la rallonge [ʀalɔ̃ʒ]
verletzt blessé(e) [blese]
Verletzte, der/die le, la blessé(e) [blese]
vermengen mélanger [melɑ̃ʒe]
Vermisste, der/die le, la disparu(e) [dispaʀy]
verrenkt luxé(e) [lykse]
versalzen trop saler [tʀosale]
verschimmelt moisi(e) [mwazi]
verschreiben prescrire [pʀɛskʀiʀ]
verschüttet enseveli(e) [ɑ̃səvli]
Versichertenkarte, die la carte d'assuré social [kaʀtdasyʀesɔsjal]
Verspätung, die le retard [ʀ(ə)taʀ]
verstaucht foulé(e) [fule]
Verstauchung, die l'entorse *f* [ɑ̃tɔʀs]
verstehen comprendre [kɔ̃pʀɑ̃dʀ]
Verwandte, der/die le, la parent(e) [paʀɑ̃(t)]
verzeihen pardonner [paʀdɔne]
viele beaucoup (de) [boku(də)]
vier quatre [katʀ(ə)]
viereckig rectangulaire [ʀɛktɑ̃gylɛʀ]
vierte(r, s) quatrième [katʀijɛm]
Viertelstunde, die le quart d'heure [kaʀdœʀ]
vierzehn quatorze [katɔʀz]
vierzehn Uhr quatorze heures [katɔʀzœʀ]
vierzig quarante [kaʀɑ̃t]
Virus, das le virus [viʀys]
Visitenkarte, die la carte de visite [kaʀt(ə)dəvizit]
Visum, das le visa [viza]
Vogel, der l'oiseau *m* [wazo]
Vollpension, die la pension complète [pɑ̃sjɔ̃kɔ̃plɛt]
von de [də]
vor (*örtl.*) devant [d(ə)vɑ̃]
vor (*zeitl.*) avant [avɑ̃]
vorgestern avant-hier [avɑ̃tjɛʀ]
Vorhang, der le rideau [ʀido]
vorletzte(r, s) avant-dernier (-ière) [avɑ̃dɛʀnje, ɛʀ]
Vorliebe, die la préférence [pʀefeʀɑ̃s]

W

Vormittag, der le matin [matɛ̃]
vormittags le matin [ləmatɛ̃]
Vorname, der le prénom [pʀenɔ̃]
Vorspeise, die l'entrée *f* [ɑ̃tʀe]
vorstellen, (sich/jdn) se présenter/présenter quelqu'un [s(ə)pʀezɑ̃te/pʀezɑ̃tekɛlkœ̃]
Vulkan, der le volcan [vɔlkɑ̃]

W

Waage, die la balance [balɑ̃s]
Wade, die le mollet [mɔlɛ]
Waffe, die l'arme *f* [aʀm]
während pendant [pɑ̃dɑ̃]
Wald, der la forêt [fɔʀɛ]
wandern faire de la randonnée [fɛʀd(ə)laʀɑ̃dɔne]
Wanderschuh, der la chaussure de marche [ʃosyʀdəmaʀʃ]
Wange, die la joue [ʒu]
wann quand [kɑ̃]
Ware, die la marchandise [maʀʃɑ̃diz]
Warenregal, das le rayon de marchandises [ʀɛjɔ̃d(ə)maʀʃɑ̃diz]
warm chaud(e) [ʃo(d)]
Warndreieck, das le triangle de signalisation [tʀiˈjɑ̃gldəsiɲalizaˈtjɔ̃]
Wartezimmer, das la salle d'attente [saldatɑ̃t]
warum pourquoi [puʀkwa]
was quoi [kwa]
Waschbecken, das le lavabo [lavabo]
waschen (*Wäsche*) laver (le linge) [lave(ləlɛ̃ʒ)]
Wäscheklammer, die la pince à linge [pɛ̃salɛ̃ʒ]
Wäscheleine, die la corde à linge [kɔʀdalɛ̃ʒ]
Wäscheständer, der le séchoir (à linge) [seʃwaʀ(alɛ̃ʒ)]
Waschlappen, der le gant de toilette [gɑ̃dətwalɛt]
Waschmaschine, die la machine à laver [maʃinalave]
Waschmittel, das la lessive [lesiv]
Wasser, das l'eau *f* [o]
Wasserfall, der la cascade [kaskad]
Wasserhahn, der le robinet [ʀɔbinɛ]
Wasserkocher, der la bouilloire électrique [bujwaʀelɛktʀik]
Watte, die le coton [kɔtɔ̃]
Wattepad, das le coton à démaquiller [kɔtɔ̃ademakije]
Wattestäbchen, das le coton-tige® [kɔtɔ̃tiʒ]
Webcam, die la webcam [wɛbkam]

Wechselgeld, das la monnaie [mɔnɛ]
Wechselkurs, der le cours du change [kuʀdyʃɑ̃ʒ]
Wechselstube, die le bureau de change [byʀod(ə)ʃɑ̃ʒ]
Weg, der le chemin [ʃ(ə)mɛ̃]
wegwerfen jeter [ʒ(ə)te]
Wehen, die *Pl* les douleurs *pl* [dulœʀ]
wehtun faire mal [fɛʀmal]
weiblich féminin(e) [feminɛ̃, in]
weich doux (douce) [du(s)]
weil parce que [paʀskə]
Wein, der le vin [vɛ̃]
Weinbrand, der le cognac [kɔɲak]
weinen pleurer [plœʀe]
Weinschorle, die le vin coupé d'eau gazeuse [vɛ̃kupedogɑzøz]
Weintraube, die le raisin [ʀɛzɛ̃]
weiß blanc (blanche) [blɑ̃(ʃ)]
Weißwein, der le vin blanc [vɛ̃blɑ̃]
weit large [laʀʒ]
weit entfernt très éloigné(e) [tʀɛzelwaɲe]
Weizen, der le froment [fʀɔmɑ̃]
Weizenbier, das la bière blanche [bjɛʀblɑ̃ʃ]
welche (*r, s*) quel(le) [kɛl]
welk fané(e) [fane]
wem à qui [aki]
wen qui [ki]
wenige peu (de) [pø(də)]
wenn si [si]
wer qui [ki]
Werkzeug, das l'outil *m* [uti]
wessen de qui [d(ə)ki]
Weste, die le gilet [ʒilɛ]
Westen, der l'ouest *m* [wɛst]
westlich à l'ouest [alwɛst]
Whisky, der le whisky [wiski]
Wickeltisch, der la table à langer [tablalɑ̃ʒe]
widersprechen contredire [kɔ̃tʀədiʀ]
wie comment [kɔmɑ̃]
wiederbeleben ranimer [ʀanime]
wiederholen répéter [ʀepete]
Wimperntusche, die le mascara [maskaʀa]
Wind, der le vent [vɑ̃]
Windel, die la couche [kuʃ]
windig venteux (-euse) [vɑ̃tø(z)]
winken
Winter, der l'hiver *m* [ivɛʀ]
wir nous [nu]
Wirbelsäule, die la colonne vertébrale [kɔlɔnvɛʀtebʀal]
Wirsing, der le chou frisé [ʃufʀiʒe]
wischen essuyer [esɥije]
wo où [u]
Wochenende, das le week-end [wikɛnd]
Wochentag, der le jour de semaine [ʒuʀdəs(ə)mɛn]
wohnen habiter [abite]
Wohnmobil, das le camping-car [kɑ̃piŋkaʀ]
Wohnung, die l'appartement *m* [apaʀtəmɑ̃]
Wohnwagen, der la caravane [kaʀavan]
Wohnzimmer, das la salle de séjour [saldəseʒuʀ]
Wolke, die le nuage [nɥaʒ]
Wolle, die la laine [lɛn]
Wörterbuch, das le dictionnaire [diksjɔnɛʀ]
Wunde, die la plaie [plɛ]
Wurst, die (*Aufschnitt*) la charcuterie [ʃaʀkytʀi]
Würstchen, das la saucisse [sosis]
Wurstsalat, der le cervelas en salade [sɛʀvəlɑɑ̃salad]
Wurzelpetersilie, die le persil tubéreux [pɛʀsitybeʀø]
würzen épicer [epise]
Wüste, die le désert [dezɛʀ]
wütend furieux (-euse) [fyʀjø(z)]

Y

Yoga, das le yoga [jɔga]

Z

Zahn, der la dent [dɑ̃]
Zahnarzt (-ärztin), der, (die) le, la dentiste [dɑ̃tist]
Zahnbürste, die la brosse à dents [bʀɔsadɑ̃]
Zahncreme, die le dentifrice [dɑ̃tifʀis]
Zahnersatz, der la prothèse dentaire [pʀɔtɛzdɑ̃tɛʀ]
Zahnfleischentzündung, die la gengivite [ʒɛ̃ʒivit]
Zahnschmerzen, die *Pl* le mal de dent [maldədɑ̃]
Zahnseide, die le fil dentaire [fildɑ̃tɛʀ]
Zander, der le sandre [sɑ̃dʀ]
Zäpfchen, das le suppositoire [sypozitwaʀ]
Zaun, der la clôture [klotyʀ]

Zebrastreifen, der le passage protégé (pour piétons) [pɑˈsaʒpʀɔteˈʒe(puʀpjeˈtɔ̃)]
Zecke, die la tique [tik]
Zeh, der l'orteil *m* [ɔʀtɛj]
zehn dix [dis]
zehntausend dix mille [dimil]
zehnte(r, s) dixième [dizjɛm]
Zeigefinger, der l'index *m* [ɛ̃dɛks]
Zeitschrift, die le magazine [magazin]
Zeitung, die le journal [ʒuʀnal]
Zelt, das la tente [tɑ̃t]
zelten camper [kɑ̃pe]
Zentimeter, der/das le centimètre [sɑ̃timɛtʀ]
Zeuge (-in), der, (die) le témoin [temwɛ̃]
Zigarette, die la cigarette [sigaʀɛt]
Zimmer, das la pièce [pjɛs]
Zinsen, die *Pl* les intérêts *pl* [ɛ̃teʀɛ]
Zitrone, die le citron [sitʀɔ̃]
Zitrusfrucht, die l'agrume *m* [agʀym]
zittern trembler [tʀɑ̃ble]
Zoll, der la douane [dwan]
Zoo, der le zoo [zo(o)]
zu vers [vɛʀ]
zu ... (groß/weit ...) trop ... (grand/large ...) [tʀo(gʀɑ̃/laʀʒ)]
zubereiten préparer [pʀepaʀe]
Zucchini, die la courgette [kuʀʒɛt]
Zucker, der le sucre [sykʀ]
zuckerfrei sans sucre [sɑ̃sykʀ]
Zug, der le train [tʀɛ̃]
zum Mitnehmen/to go à emporter [aɑ̃pɔʀte]
Zunge, die la langue [lɑ̃g]
zustimmen être du même avis [ɛtʀ(ə)dymɛmavi]
zwanzig vingt [vɛ̃]
zwanzigste(r, s) vingtième [vɛ̃tjɛm]
zwei deux [dø]
zwei Siebtel deux septièmes [døsɛtjɛm]
zwei Uhr deux heures [døzœʀ]
zweifach/doppelt double [dubl]
zweihundert deux cents [døsɑ̃]
zweihundert(und)zwanzig deux cent vingt [døsɑ̃vɛ̃]
zweimal deux fois [døfwa]
zweitausend deux mille [dømil]
zweite(r, s) deuxième [døzjɛm]
zweiundzwanzig vingt-deux [vɛ̃tdø]
Zwiebel, die l'oignon *m* [ɔɲɔ̃]
Zwillinge, die *Pl* les jumeaux (jumelles) *pl* [ʒymo, ʒymɛl]
zwischen entre [ɑ̃tʀ]
zwölf douze [duz]
zwölf Uhr douze heures [duzœʀ]
zwölfte(r, s) douzième [duzjɛm]

BILDQUELLEN

* - Shutterstock

2 */Sunny studio **3** */Ciprian Stremtan **12** */Liudmyla Marykon **12** */graphicsdunia4you **12** */graphicsdunia4you **12** */Africa Studio **12** */goodluz **12** */Kristi Dodo **12** */Kristi Dodo **12** */Kristi Dodo **12** */Andrey_Popov **14** */Andrey Pavlov **14** */Monkey Business Images **14** */Bram van Broekhoven **14** fotolia/WavebreakmediaMicro **14** fotolia/Picture-Factory **14** fotolia/ontrastwerkstatt **14** */wavebreakmedia **14** fotolia/Jörg Lantelme **14** */GaudiLab **15** */Rawpixel.com **16** */Monkey Business Images **18** */Yulia Mayorova **19** */Dean Drobot **19** */Kachalkina Veronika **19** */Pressmaster **19** */Sunny studio **19** */wavebreakmedia **19** fotolia/Sergey Nivens **19** */Alexander Raths **19** */g-stockstudio **19** fotolia/Daxiao Productions **19** */Lucky Business **19** fotolia/SolisImages **19** fotolia/Kzenon **20** fotolia/natalielb **20** fotolia/grafikplusfoto **20** */Maridav **20** */Dudarev Mikhail **20** */Fotokostic **20** */XiXinXing **21** */Andresr **21** fotolia/Igor Mojzes **21** fotolia/Kurhan **21** */Sheftsoff Stock Photo **21** fotolia/Dmitry Lobanov - Fotolia.com **21** fotolia/Samuel Borges - Fotolia.com **21** fotolia/DenisNata - Fotolia.com **21** fotolia/Family Business **21** fotolia/ mimagephotos - Fotolia.com **21** */g-stockstudio **21** */Eric Isselee **22** fotolia/Picture-Factory **22** */FXQuadro **22** */Axel Bueckert **22** */Johnny Habell **22***/Martina_L **22***/racorn **22***/glebTv **22***/racorn **22***/Yuganov Konstantin **22***/FXQuadro **22***/Axel Bueckert **22***/Johnny Habell **22***/Martina Thanner **23** fotolia/contrastwerkstatt **24** */ArtFamily **24** */ArtFamily **25** */Syda Productions **25** fotolia/Sabphoto - Fotolia.com **25** fotolia/Garrincha - Fotolia.com **25** fotolia/vladimirfloyd - Fotolia.com **25** fotolia/Ilike - Fotolia.com **25** fotolia/pathdoc - Fotolia.com **25** fotolia/Andres Rodriguez - Fotolia.com **25** fotolia/Garrincha - Fotolia.com **25** fotolia/Picture-Factory - Fotolia.com **25** fotolia/Rido - Fotolia.com **26** */conrado **26** */RealVector **26** fotolia/alco81 **26** */Uber Images **26** fotolia/mizar_21984 **26** */Antonio Guillem **26** fotolia/christophe BOISSON **26** */Diego Cervo **27** */StockLite **27** */OPOLJA **27** */Markevich Maria **28** */Martina Osmy **28** */Verkhovynets Taras **28** */Nailia Schwarz **29** */gpointstudio **29** fotolia/Floydine **29** */Rohappy **31** */elwynn **31** */upslim **31** fotolia/kei907 **31** */Syda Productions **33** */racorn **33** */Aila Images **33** */Elnur **33** */bezikus **33** fotolia/Lukas Gojda

33 */Roman Sigaev **33** */dotshock **33** */Pressmaster **33** */Todd Kreykes **35** */HeliHead **37** fotolia/pavel1964 **37** fotolia/kieferpix **37** */Claudio Divizia **37** */turtix **37** */connel **37** */swinner **37** */Ljupco Smokovski **37** */Darren Brode **37** */g-stockstudio **37** */RossHelen **37** */TTstudio **37** */Joseph Sohm **38** */evan66 **39** */HeliHead **39** */1000 Words **39** */Matthew Jacques **39** */stockernumber2 **39** */Iakov Kalinin **39** */Monika Wisniewska **39** */De Visu **39** */ChiccoDodiFC **39** */estherpoon **40** */Christian Mueller **40** */JuliusKielaitis **40** */Sergey Furtaev **40** */Gary Glaser **40** */Captblack76 **40** fotolia/cameris **40** */Tomas Skopal **40** fotolia/Scanrail **40** */nature photos **42** */keellla **42** fotolia/Sashkin **42** */Patryk Kosmider **42** fotolia/swx - Fotolia.com **42** fotolia/Kalim **42** */g-stockstudio **42** */CkyBe **43** */Dasha Petrenko **43** */Piotr Latacha **43** */Africa Studio **43** */Gabriel Georgescu **43** */Eviled **43** */Eviled **43** */Mark Winfrey **45** */Greg and Jan Ritchie **45** fotolia/Igor Mojzes **45** */ventdusud **45** */Dmitry Polonskiy **45** fotolia/pressmaster - Fotolia.com **45** */Etakundoy **45** fotolia/Netzer Johannes - Fotolia.com **45** */baranq **45** fotolia/suzannmeer **47** fotolia/JSB31 **47** */pcruciatti **47** */Sutichak **47** fotolia/bennnn **47** */Eviled **47** fotolia/typomaniac **47** */ueuaphoto **47** */Aina Jameela **47** fotolia/terex **48** fotolia/Christian Hillebrand **49** */Alina R **49** */Photographee.eu **49** */Stock-Asso **49** */Pressmaster **49** */Ditty_about_summer **49** */Adya **50** fotolia/Africa Studio **50** fotolia/Iriana Shiyan **50** */Zastolskiy Victor **50** */WDG Photo **50** */AVN Photo Lab **50** */Edith Rum **50** fotolia/Photographee.eu **50** */Ursa Major **50** */Sofiaworld **50** fotolia/kobra78 **50** */Kzenon **51** fotolia/Mariusz Blach **52** */Sergey Rusakov **52** fotolia/Picture-Factory **52** fotolia/euthymia **52** */DenisNata **52** */Odua Images **52** fotolia/uwimages **52** fotolia/Ewais **52** fotolia/uwimages **52** fotolia/yevgenromanenko **53** fotolia/donatas1205 **53** fotolia/tuja66 **53** fotolia/akf **53** fotolia/Denis Dryashkin **53** fotolia/BillionPhotos.com **53** fotolia/vav6 **53** fotolia/tuja66 **53** */Blend Images **53** */Monkey Business Images **53** */Twin Design **53** */Evgeny Atamanenko **53** */sergey causelove **54** */ra2studio **23** */Suriya99 **54** */SantiPhotoSS **54** */SantiPhotoSS **54** */PlusONE **54** */Kriang kan **54** */soft_light **54** */Evgeny Dubinchuk **54** */schankz **54** fotolia/ysbrandcosijn **55** */Svetlana Lukienko **55** */Nikki Zalewski **55** */curraheeshutter **55** fotolia/Jürgen Fälchle **55** fotolia/grafikplusfoto **55** */HomeArt **55** */gpointstudio **55** */Robert Hoetink **55** fotolia/Zacarias da Mata **55** */nattanan726 **55** */James BO Insogna **55** */Lysogor Roman **57** */conrado **58** */Africa Studio **58** */Dan Kosmayer **58** */Jiri Hera **58** */Diana Taliun **58** */Pamela D. Maxwell **58** */Jiri Hera **58** */Yeko Photo Studio **58** */johnfoto18 **58** */Sergio33 **58** */Valentina Razumova **58** */Elena Larina **58** */Billion Photos **59** */iprachenko **59** */GorillaAttack **59** */MaraZe **59** */Manuel Alvarez **59** */Viktor1 **59** */Gamzova Olga **59** */redheadedgirl **59** */redheadedgirl **59** */Suradech Prapairat **60** */SMDSS **60** */Krzysztof lusarczyk **60** */Wavebreak **60** */nexus 7 **60** */Evgeny Karandaev **60** */bitt24 **60** */Dream79 **61** hinkstock/DAJ **61** */MaraZe **61** */Mirek Kijewski **61** */Christian Jung **61** */itor **61** */jurasy **61 t**hinkstock/Vasyl Helevachuk **61** thinkstock/Mike Watson **61** */veleknez **62** */Hong Vo **62 ***/picturepartners **62** */Edward Westmacott **62** */Vadym Zaitsev **62** */Krasowit **62** */JIANG HONGYAN **62** */MaraZe **62** */Eskymaks **62** */O.Bellini **62** */Alexander Raths **62** */Marko Poplasen **63** */focal point **64** */13Smile **64** */Billion Photos **64** */Billion Photos **64** */MSSA **65** */Crepesoles **65** */Olena Kaminetska **65** */Vitaly Korovin **65** */Africa Studio **65** */Anna-Mari West **65** */redheadedgirl **66** */nelik **66** thinkstock/Sachko **66** */Dionisvera **66** */Subbotina Anna **66** */fotoearl **66** */optimarc **66** */Anna Sedneva **66** */AN NGUYEN **66** */Jessmine **66** */OllyLo **66** */Monebook **66** */irabel8 **68/69** */Ana Blazic Pavlovic **70** fotolia/valery121283 **71** */Mariyana M **71** */ILYA AKINSHIN **71** thinkstock/karandaev **71** thinkstock/EdnaM **71** thinkstock/strixcode **71** thinkstock/somchaij **71** iStock/juliannafunk **71** iStock/3DMAVR **71** fotolia/amenic181 **71** iStock/Maksym Narodenko **71** iStock/yktr **71** iStock/GrishaL **72** thinkstock/ **72** thinkstock/paytai **72** */koosen **74** thinkstock/Martinan **74** thinkstock/Wavebreakmedia Ltd **74** */Andrew Scherbackov **74** iStock/aopsan **74** thinkstock/nayneung1 **74** fotolia/oasis15 **74** thinkstock/akinshin **74** thinkstock/Hemera Technologies **74** */photosync **74** thinkstock/Wimage72 **75** thinkstock/karandaev **77** */Chris from Paris **77** */pathdoc **77** iStock/Carlos Gawronski **77** fotolia/guukaa **77** fotolia/JackF **77** fotolia/klevo **77** */Mega Pixel **77** fotolia/guukaa **77** iStock/carlosgaw **77** iStock/Larry Sherer **77** */stockcreations **77** */Food1.it **77** thinkstock/Magone **78** thinkstock/Brand X Pictures **78** fotolia/JackF **79** thinkstock/Antonprado **79** iStock/Oleg Fedotov **79** fotolia/Timmary - Fotolia.com **79** iStock/esolla **79** fotolia/Christian Jung - Fotolia.com **79 */**Valentyn Volkov **79** */Hurst Photo **79** */margouillat photo **80** */Olga Nayashkova **80** fotolia/uckyo **80** */Markus Mainka **80** iStock/Hennadiy Ivanov **80** fotolia/Marco Mayer

80 */Viktor1 **80** iStock/AndreyShtanko **80** thinkstock/lewty92 **80** iStock/KatarzynaBialasiewicz **80***/Valentin Valkov **80** iStock/KatarzynaBialasiewicz **82** thinkstock/nito100 **82** fotolia/Viktor **82** */wavebreakmedia **82** fotolia/Piotr Pawinski **82** fotolia/Ljupco Smokovski **82** iStock/s-cphoto **82** fotolia/Nikolai Sorokin **82** iStock/imagestock **82** thinkstock/Thomas Northcut **83** iStock/elenaleonova **83** */Sergey Mironov **83** */plprod **83** iStock/elenaleonova **83** thinkstock/Anetlanda **83** fotolia/Picture-Factory **83** fotolia/Picture-Factory **83** fotolia/underdogstudios **83** */Tatiana Popova **83** fotolia/Marco2811 **83** */Mile Atanasov **85** fotolia/kasto **86** */Vipavlenkoff **86** */SunnyStock **86** */Fedor Selivanov **86** fotolia/Robert Kneschke **86** */Tyler Olson **86** fotolia/xixinxing **88** */Vereshchagin Dmitry **88** fotolia/industrieblick **88** fotolia/Robert Kneschke **88** */Diego Cervo **88** fotolia/zinkevych **88** */Vladyslav Starozhylov **88** fotolia/Dan Race **89** fotolia/ **89** */maradon 333 **89** */Humannet **89** */Chanyapatch Wongwiwat **89** fotolia/Minerva Studio **89** fotolia/Africa Studio **89** */Iakov Filimonov **89** fotolia/pixarno **89** */JoannaTkaczuk **92/93** */Ciprian Stremtan **94** */alexei_tm **94** */Ljupco Smokovski **94** */Ollyy **94** */Olga_Anourina **94** */Robert Red2000 **94** */xpixel **94** */picturepartners **95** fotolia/Tarzhanova **95** */Romariolen **95** */Anton Todorov **95** */Michael Kraus **95** */AXL **9** */Evikka **9** */Nadia Cruzova **11** */Coprid **97** */tkemot **97** */Khvost **97** */marylooo **97** */Becky Starsmore **97** fotolia/ **97** */Surrphoto **97** */posteriori **97** */sagir **97** */Africa Studio **97** */humbak **97** */TerraceStudio **99** */Ruslan Kudrin **99** */Iulian Valentin **99** */Nadiia Korol **99** */Michael Kraus **99** */nikitabuida **99** */Valentin Valkov **99** */fotohunter **99** */valzan **99** */Dario Lo Presti **99** */Ekaterina Pokrovsky **100** */Guas **100** */Efired **100** */Saklakova **100** */A. and I. Kruk **100** */Alexander Chaikin **100** */Mindy w.m. Chung **102** */AnnaTamila **102** */918 **102** fotolia/Hans und Christa Ede **102** */Suzanne Tucker **102** */Nomad_Soul **102** fotolia/Melpomene **102** otolia/Fotolia_52301046_Subscription_XXL.jpg **102** */Michal Durinik **102** */YuliiaKas **102** */Dinga **102** fotolia/frantic01010 **102** */COLOMBO NICOLA **104** fotolia/erserg **104** */Olesssia **104***/sagir **104** */MARKABOND **104** */Evgeniy Kurt **104** */Nazzu **105** */AGCuesta **105** */Africa Studio **105** */Gruffi **105** */LenaPl **105** */HomeStudio **105** */Everything **105** */Max Topchii **105** */Littlekidmoment **105** fotolia/blackday **105** fotolia/anoli **105** */Evan Lorne **105** fotolia/mkrberlin **106** */NinaMalyna **106** */Gutzemberg **106** */glenda **107** */StockLite **107** */Rido **107** fotolia/pio3 **107** */

Brian A Jackson **107** fotolia/doomu **107** */Glovatskiy **107** */Singkham **107** */Singkham **107** */Everett Collection **107** */Andrey_Popov **107** */ Kostenko Maxim **107** */Paul Michael Hughes **109** fotolia/Gina Sanders **110** */Syda Productions **112** */2shrimpS **112** */Umkehrer **112** */ Tamerlan Aliyev **112** */Koldunov Alexey **112** */Stefano Cavoretto **112** */ Omegafoto **112** fotolia/benschonewille **112** */Nerthuz **112** */Sebastian Kaulitzki **112** */Sebastian Kaulitzki **112** */Sergey Shenderovsky **112** */ Photographee.eu **113** */Orla **114** */Pressmaster **114** */Monkey Business Images **114** */Vereshchagin Dmitry **114** */studio0411 **114** */Evlakhov Valeriy **114** */Andrey_Popov **114** fotolia/aytuncoylum **114** */megaflop **114** */Robert Kneschke **114** fotolia/Picture-Factory **114** fotolia/ Kadmy **114** fotolia/Picture-Factory **116** */Dragon Images **116** fotolia/ Antonioguillem **116** fotolia/Syda Productions **116** fotolia/benjamin-nolte **116** fotolia/countrypixel **116** fotolia/Gerhard Seybert **116** fotolia/ Alexander Raths **116** fotolia/miss_mafalda **116** fotolia/sudok1 **118** */ Syda Productions **118** */Diego Cervo **118** */Syda Productions **118** */ Csaba Deli **118** iStock/Henfaes **118** */Kaspars Grinvalds **118** */nd3000 **118** iStock/mheim3011 **118** iStock/Joel-Hageman **118** */Miriam Doerr **118** */pathdoc **118** */Swapan Photography **119** */Stuart Monk **119** iStock/Karen Mower **119** */lzf **119** iStock/simarik **119** iStock/phototake **119** thinkstock/praisaeng **119** */Halfpoint **119** */tavizta **119** */Rui Serra Maia **119** */Roman Prokhorov **119** */sfam_photo**119** thinkstock/ DAJ **120** iStock/Christopher Futcher **120** fotolia/Andrey Popov **120** */ Jeroen van den Broek **120** */Andrey_Popov **120** thinkstock/Huntstock **120** thinkstock/Vstock LLC **120** thinkstock/cyano66 **120** thinkstock/ Wavebreakmedia **120** iStock/Wavebreakmedia **120** iStock/coramueller **120** iStock/Johnny Greig **120** */gyn9037 **121** iStock/KatarzynaBialasiewicz **121** */SEASTOCK **121** */Bejim **121** thinkstock/Lowryn **121** */ Photographee.eu **121** */wandee007 **121** thinkstock/07photo **121** */ Fineart1 **121** */lebTv **121** */joker1991 **121** */Billion Photos **121** */kryzhov **123** iStock/Djura Topalov **123** iStock/megaflopp **123** fotolia/torwaiphoto **123** iStock/nuiiko **123** iStock/phittavas **123** */hxdbzxy **123** iStock/Squaredpixels **123** fotolia/Syda Productions **123** */Blend Images **124** iStock/franckreporter **124** fotolia/Fxquadro **124** fotolia/Rio-Patuca Images **124** iStock/sudok1 **124** */islandboy_stocker **124** */Africa Studio **124** */pramot **124** */Microgen **124** iStock/simonkr **127** */ potowizard **127** */SergeBertasiusPhotography **127** */Fer Gregory **127** fotolia/Photographee.eu **127** */franz12 **127** */conrado **127** */

SantiPhotoSS **127** */Inked Pixels **127** fotolia/richardlyons **127** fotolia/borzywoj **127** fotolia/Michael Stifter **127** fotolia/illustrez-vous **128** */fluke samed **128** */macknimal **128** fotolia/lovegtr35 **128** */BestPhotoPlus **128** */Gunnar Pippel **128** */Bertold Werkmann **128** */Asmus Koefoed **128** */Gunter Nezhoda **128** */My Good Images **128** */Voyagerix **128** */Lukasz Janyst **128** */charl898 **129** */Monkey Business Images **129** */khemporn tongphay **129** */Irenaphoto **129** */Luca Montevecchi **129** fotolia/oksioma **129** */Marian Weyo **129** */Lisa S. **129** */Lukasz Siekierski **129** */roger ashford **129** */Claudiu Paizan **129** */Dmitri Ma **129** */Kzenon **131** fotolia/Africa Studio **132** */worradirek **132** */beeboys **132** */Taborsky **132** */Voronin76 **132** */Arena Photo UK **132** fotolia/Klaus Eppele **132** */Rex Wholster **132** */Pachai Leknettip **132** */carroteater **132** fotolia/Budimir Jevtic **132** */Olga Dmitrieva **132** fotolia/d1sk **134** */Fernando Sanchez Cortes **134** fotolia/Ruth Black **134** */SpeedKingz **134** fotolia/venemama **134** */Zerbor **134** fotolia/seanlockephotography **134** */Robyn Mackenzie **134** */MarcusVDT **134** */Lucky Business **134** */Faraways **134** fotolia/chaoss **134** fotolia/pitris **135** */oksana2010 **135** */Fesus Robert **135** */Glenn Price **135** fotolia/by-studio **135** fotolia/Markus Mainka **135** fotolia/silver-john **135** */Monkey Business Images **135** */Claudia Paulussen **135** fotolia/alexbrylovhk **136** */M. Unal Ozmen **138** */Korvit **138** */Korvit **138** */Korvit **138** */sergign **138** fotolia/coffeekai **138** */melis **138** fotolia/suksao **138** fotolia/suksao **138** fotolia/suksao **139** fotolia/SIAATH **141** */mrkornflakes **141** */suravid **141** */estherpoon **141** */Peter Fuchs **141** */TTstudio **141** */Romolo Tavani **141** */fotohunter **141** */Vibrant Image Studio **141** fotolia/magann **143** */vovan **144** */Agnes Kantaruk **144** */adim Georgiev **144** */Leonid Ikan **144** */NCAimages **144** */Artens **144** fotolia/HaiGala **144** */Det-anan **144** */SP-Photo **144** fotolia/Gundolf Renze **144** */Efired **144** */Eight Photo **144** fotolia/Smileus **145** */Delpixel **145** */Delpixel **145** */Delpixel **145** */Delpixel **145** fotolia/Christian Pedant **145** fotolia/TTstudio **145** gettyimages/Fuse **145** fotolia/pictureguy32 **145** fotolia/Elena Petrova **146** */VladFree **146** */yingko **146** */Minerva Studio **146** */Luckeyman **146** */Pixel Embargo **146** */Bacho Foto **146** */Billion Photos **146** */Nishihama **146** fotolia/uruXOX **146** fotolia/VRD **146** */Africa Studio **147** */Africa Studio **149** fotolia/adrian_ilie825 **149** */Gts **149** fotolia/pogonici **149** fotolia/jamesteohart **149** fotolia/adrian_ilie825 **149** */bikeriderlondon **152** */Marcos Mesa Sam Wordley **152** */Marcos Mesa Sam Wordley **152** */

Marcos Mesa Sam Wordley **152** */Marcos Mesa Sam Wordley **152** */ Marcos Mesa Sam Wordley **152** */Marcos Mesa Sam Wordley **153** */ Andrei Shumskiy **153** */Jelena Aloskina **153** */Mykola Kravchenko **153** */Ilya Andriyanov **153** */Syda Productions **153** */Blaj Gabriel

PONS Sprachführer in Bildern
FRANZÖSISCH

Bearbeitet von: Michèle Moncharmont, Dr. Christiane Wirth, Anette Dralle, Inga Bertz

PONS verpflichtet sich, den Zugriff auf das zu diesem Buch ergänzende Download-Angebot mindestens bis Ende 2020 zu gewährleisten. Einen Anspruch der Nutzung darüber hinaus gibt es nicht.

1. Auflage 2017 (1,02 - 2017)
PONS GmbH, Stuttgart 2017

www.pons.de
E-Mail: info@pons.de

Projektleitung: Ursula Martini
Gestaltung: grundmanngestaltung, Karlsruhe
Umschlaggestaltung: Anne Helbich
Umschlagfoto: Eiffelturm: Shutterstock/viewgene;
Hahn-Skulptur: Shutterstock/paul prescott;
Lavendelfeld: Shutterstock/StevanZZ;
Triumphbogen: Shutterstock/Adisa
Logoentwurf: Erwin Poell, Heidelberg
Satz: Lumina Datamatics Ltd.
Logoüberarbeitung: Sabine Redlin, Ludwigsburg
Druck und Bindung: Publikum d.o.o.

ISBN 978-3-12-518009-3